Hans-Ernst Schiller

Ähnlichkeit und Analogie

Philosophie, Band 3

Hans-Ernst Schiller

Ähnlichkeit und Analogie

Zur Erkenntnisfunktion des mimetischen Vermögens

Umschlagabbildung: Gesa Foken zu Bettina Wohlfenders *Unter ferner Winter*, 2016
© VG Bild-Kunst, Bonn 2021.

ISBN 978-3-7329-0767-0
ISBN E-Book 978-3-7329-9199-0
ISSN 1860-8337

Herstellung durch Frank & Timme GmbH,
Wittelsbacherstraße 27a, 10707 Berlin.
Printed in Germany.
Gedruckt auf säurefreiem, alterungsbeständigem Papier.

www.frank-timme.de

Similitudine fit cognitio.
Durch Ähnlichkeit entsteht Erkenntnis.
Nikolaus von Kues, *Der Laie über den Geist*, 3. Kapitel

Inhaltsverzeichnis

Vorrede

Ähnlichkeit ist eine Kategorie zunächst der Wahrnehmung, in der die logischen Kategorien von Identität und Differenz betätigt werden. Identität verschiedener Dinge gilt als Gleichheit. Ähnlich sind Sachverhalte und Ereignisse, Gegenstände oder Vorstellungen, wenn sie bei räumlicher, zeitlicher, qualitativer oder generischer Verschiedenheit unter einem wichtigen Gesichtspunkt Gleichheit aufweisen.

Ähnlichkeit ist überwiegende Gleichheit. Sie kann uns augenblicklich anspringen wie die Erinnerung an ein Gesicht im Anblick eines anderen oder Ergebnis längeren Nachdenkens sein. Zwei Dinge oder Situationen, Personen oder Gesichter zu vergleichen heißt, sie unter Aspekten, die sich sinnlich aufdrängen oder durch theoretisches und praktisches Interesse bestimmt sind, auf Gleichheit und Ungleichheit zu überprüfen. Die Gegenstände müssen nicht einer Gattung angehören, aber sie müssen etwas gemeinsam haben, um verglichen werden zu können. Ergebnis des Vergleichs sind Ähnlichkeit oder Unähnlichkeit. Manchmal, wenn Dinge, etwa industrielle Produkte, unter allen Aspekten außer dem der Raum- und Zeitstelle, gleich sind, sagt man von ihnen: sie sind dasselbe. Aus der Serialität der Dinge und Tätigkeiten, die in einem durch industrielle Technik geprägten Alltag vorherrschen, auszubrechen, ist vermutlich ein starkes und unverächtliches Motiv für die Beschäftigung mit der Ähnlichkeit, die immer auch Differenz bedeutet.

Ein Problem der Ähnlichkeit scheint darin zu bestehen, dass sie relativ unbestimmt ist. Wenn wir die Mistel und die Sonne (vgl. Frazer 1023 ff.) als ähnlich bezeichnen aufgrund der Farbe Gelb, bleibt es wahr, dass auch in diesem Merkmal Unterschiede oder Ungleichheiten bestehen können. Das Gelb der Sonne ist anders. Aber so ist es bei allen empirischen Begriffen: Sie haben Schattierungen, verschwimmen an den Rändern, wie gerade die Farben zeigen können. Viel bedenklicher als diese graduelle Unbestimmtheit ist die relative Willkür, mit der die Aspekte, auf die hin man vergleicht, ausgewählt werden. Meist wird eine sinnlich hervorstechende Eigenschaft gleichgesetzt, z.B. die Farbe, aber Mistel und Sonne könnten auch nach Masse oder Gestalt verglichen werden und wären dann gewiss nicht mehr ähnlich. Darum bezeichnet Platon die Ähnlichkeit als „besonders schlüpfrige Gattung". (*Der Sophist* 231a) Mit der relativen Beliebigkeit hängt schließlich zusammen, dass Ähnlichkeit zumeist auf

Oberflächenphänomene, auf Eigenschaften oder Beschaffenheiten (Qualitäten, Attribute) fixiert bleibt. Sie gibt uns keine Antwort darauf, was Sonne und Mistel eigentlich sind, welchen Gattungsbegriffen sie unterfallen. Der abstrahierende Schritt zu den Allgemeinbegriffen Himmelskörper und Pflanze wird nicht vollzogen. Diese relative Willkürlichkeit der Ähnlichkeitsbeziehung scheint dafür zu sprechen, dass sie eine bloß subjektive Kategorie ist – dass es Ähnlichkeiten, objektiv gesehen, gar nicht gibt.

Tatsächlich aber besitzt Ähnlichkeit ontologische Implikationen, auf die Adorno im Begriff einer „objektiven Kommunikation des Unterschiedenen" hingewiesen hat. (Vgl. Abschnitt 12 dieser Untersuchung) Ähnlichkeit, obwohl sie nur von einem reflektierenden Subjekt festgestellt werden kann, hat gleichwohl eine objektive Bedeutung, die sich nicht in die Reflexionsbegriffe und insbesondere nicht in Identität und Differenz auflösen lässt. Sie ist fundiert in Verhältnissen der Verwandtschaft (Affinität), letztlich der Abstammung, aber auch in Beziehungen der Nachbarschaft, in der verschiedene Dinge oder Lebewesen sich einander angleichen. Auf der Objektivität von Ähnlichkeit fußt ihre Erkenntnisfunktion – von alltäglichsten Prozessen bis zu den expressiven Produkten authentischer Kunst und den anspruchsvollsten wissenschaftlichen Leistungen. Diese Erkenntnisfunktion des mimetischen Vermögens – die schon für Platon, trotz seiner Kritik der sinnlichen Ähnlichkeit, von zentraler Bedeutung war – aufzuklären, ist das leitende Ziel der folgenden Untersuchung. Zugleich wird der Vorstellung widersprochen, Ähnlichkeitsdenken folge einer eigenen Logik, die sich als Alternative der modernen wissenschaftlichen entgegenstellen ließe. Es geht nicht um ein Paralleluniversum der Vernunft, sondern um die Einsichten, durch die der Begriff selbst über den isolierenden Identitätszwang und seine herrschaftliche Praxis hinausgehen kann. Er gelangt qua Selbstreflexion zum Ähnlichkeitsdenken als der Instanz, die den Identitätszwang lockert, ohne die Kategorie der Identität meint verwerfen zu können.

Der in unserem Titel genannte Begriff des mimetischen Vermögens ist Walter Benjamin entlehnt, der ihn in zwei Aufsätzen aus dem Jahr 1933 verwandt hat, der *Lehre vom Ähnlichen* und *Über das mimetische Vermögen*. Der Begriff bringt gut zum Ausdruck, dass Mimesis, Angleichung oder Nachahmung in einen weiten Kontext gehört, der biologisch-instinktive und archaische Verhaltensweisen umfasst, aber auch für das Verständnis menschlicher Sprache unverzichtbar ist. Benjamin sieht in der Mimesis eine Fähigkeit, Ähnlichkeiten zu erkennen und zu erzeugen, verbindet also das rezeptive und das tätige Moment in ihrem Begriff. Das Motiv der Objektivität von Ähnlichkeiten ist im Begriff der „natürlichen Korrespondenzen" enthalten. Und schließlich betont Benjamin die historische, zivilisationsgeschichtliche Dimension der Mimesis-Theorie und liefert damit eine Voraussetzung für die *Dialektik der Aufklärung*, die Horkheimer und Adorno zehn Jahre später schreiben werden.

Schon Benjamin hatte vermutet, dass jede höhere Funktion des Menschen, also auch die der Erkenntnis, entscheidend durch das mimetische Vermögen mitbedingt ist. Die vorliegende Untersuchung möchte diese Hypothese an Beispielen der Philosophie- und Wissenschaftsgeschichte bewähren. Dabei muss der Ähnlichkeitsdiskurs in den Zusammenhang einer Kritik des instrumentellen, dem Prinzip der Naturbeherrschung dienenden Handelns und Denkens gestellt werden. Am wichtigsten scheint mir die Frage, welchen Beitrag der Rückgriff auf die Traditionen der Ähnlichkeit und der Entsprechung für die Lösung unserer epochalen Probleme mit der Zerstörung von Naturzusammenhängen – genannt seien nur das Artensterben und das Abschmelzen der Pole – leisten könnte. Gibt es, insbesondere als Naturpolitik, so etwas wie eine „Politik der Ähnlichkeit", die sich aus dem Ähnlichkeitsdenken ableiten lässt? Skepsis ist angebracht, aber auch die Hoffnung, dass die kritischen Vergegenwärtigungen vergangenen Verhaltens zur Natur nicht ohne Einfluss auf die Haltung bleiben, die wir selbst ihr gegenüber einnehmen können. Letztlich freilich kommt es auf die Einsicht an, dass die unleugbar großen Schwierigkeiten, in denen wir uns befinden, auf eine Produktionsweise zurückzuführen sind, die mit der Ausbeutung der Arbeitskraft die Gleichgültigkeit gegen die Naturzusammenhänge praktiziert und das in einem Prozess, der Schranken nur erreicht, um sich über sie hinwegzusetzen.

1 Mimesis bei Benjamin. Ähnlichkeiten der Sprache

Benjamin definiert die Mimesis als „die Gabe, Ähnlichkeiten hervorzubringen – zum Beispiel in den Tänzen, deren älteste Funktion das ist – und daher auch die Gabe, solche zu erkennen".[1] Dieses Vermögen hat eine Geschichte, die bis in die vormenschliche Natur zurückreicht:

> „Die Natur erzeugt Ähnlichkeiten. Man braucht nur an die Mimikry zu denken. Die höchste Fähigkeit im Produzieren von Ähnlichkeiten aber hat der Mensch. Die Gabe, Ähnlichkeit zu sehen, die er besitzt, ist nichts als ein Rudiment des ehemals gewaltigen Zwanges, ähnlich zu werden und sich zu verhalten. Vielleicht besitzt er keine höhere Funktion, die nicht entscheidend durch mimetisches Vermögen mitbedingt ist."[2]

Die Geschichte der menschlichen Mimesis ist einerseits eine Verengung des Bereichs, in dem Ähnlichkeiten wahrgenommen und erzeugt werden, andererseits ihre „Transformierung" im Sinne einer Erhöhung: „Die Sprache (ist) die höchste Stufe des mimetischen Verhaltens".[3] In der Sprache ist Mimesis als Namengebung produktiv.[4] Die auch heute noch wirkende sprachliche Produktivität soll den Begriff einer unsinnlichen Ähnlichkeit erläutern, bei der es sich, wie Benjamin hervorhebt, um eine mehrstellige Relation handelt: Zwei Gegenstände und ein Beobachter oder mindestens zwei Wörter verschiedener Sprachen und ein Gegenstand stehen zueinander in Beziehung. Eine solche Mehrstelligkeit der Relation gilt freilich für jede Form von Ähnlichkeit.[5]

1 Walter Benjamin: Über das mimetische Vermögen, in: Gesammelte Schriften, hg. von R. Tiedemann und H. Schweppenhäuser (im Folgenden BGS), Bd. II, Frankfurt am Main 1977, 210–213, 211.

2 Ebda., 210.

3 Ebda., 213.

4 Das griechische Wort für Namengebung wäre Onomatopoiësis, eigentlich: Namen-Schaffen. Leider wird mit diesem Wort oft nur die Lautmalerei verbunden, obwohl sein Anwendungsgebiet sehr viel breiter ist. Insbesondere sind Mimesis und Ähnlichkeit in der Sprache nicht auf die Lautmalerei einzuschränken, wie wir gleich sehen werden, und wie auch Benjamin in seiner Sammelrezension *Probleme der Sprachsoziologie* festgestellt hat. Vgl. BGS III, hg. von H. Tiedemann-Bartels, Frankfurt am Main1972, 452–480, 478.

5 Den einfachsten Weg zum Verständnis einer unsinnlichen Ähnlichkeit bieten religiöse Symbole wie das „Lamm Gottes". Die Ähnlichkeit, die zwischen Gottessohn und Lamm erkannt wird,

In beiden Aufsätzen benutzt Benjamin dieselbe Formulierung, um den Begriff der unsinnlichen Ähnlichkeit zu erläutern. Zu denken ist an das Verhältnis von Wörtern verschiedener Sprachen, die einander dem Laut nach unähnlich sind, aber dem gemeinsam Bedeuteten ähneln.

> „Ordnet man Wörter der verschiedenen Sprachen, die ein gleiches bedeuten, um jenes Bedeutete als ihren Mittelpunkt, so wäre zu erforschen, wie sie alle – die miteinander oft nicht die geringste Ähnlichkeit besitzen, – ähnlich jenem Bedeuteten in ihrer Mitte sind.“[6]

Die Ähnlichkeit der verschiedenen Wörter zueinander ist hier eine unsinnliche Ähnlichkeit, die durch die jeweilige Ähnlichkeit zum Gegenstand gestiftet sein soll. Es bleibt freilich unklar, von welcher Ähnlichkeit im Hinblick auf das Verhältnis von Gesprochenem und Gemeintem die Rede ist. Wir können mit Wilhelm von Humboldt drei Formen des „Zusammenhangs zwischen dem Laute und dessen Bedeutung“, d.h. dem bezeichneten Begriff unterscheiden.[7] Es gibt die imitatorische (lautmalende), die symbolische und die analogische Beziehung. Zwischen diesen Methoden in der Namengebung besteht ein Anstieg vom Konkreten zum Abstrakten, der auch Phasen der Sprachentwicklung wiedergibt. Kann Humboldts dreistufiges Modell der sprachlichen Mimesis Benjamins Begriff der unsinnlichen Ähnlichkeit in der Sprache erläutern?[8]

Die imitatorisch *lautmalende* Beziehung, die in Worten wie Kuckuck oder Kläffer vorliegt, transformiert den akustischen Eindruck des Naturlauts in das Medium des artikulierten Lauts, wobei dieses Medium Raum für deutliche Abweichungen schafft. (So ruft der französische Hahn cocorico, während der deutsche kikeriki ruft.) Die Lautmalerei kann mit dem Begriff „unsinnliche Ähnlichkeit“ nicht gemeint sein, denn sie würde, wenn sie Ähnlichkeit zwischen den

besteht nicht in einer sinnlich wahrnehmbaren, etwa physiognomischen, Eigenschaft, sondern in einer unsinnlichen, moralischen: Sanftmütigkeit und Friedfertigkeit. Natürlich hat das Lamm auch noch die Bedeutung des Opfers, aber auch hier handelt es sich um nichts, was eine unmittelbar wahrnehmbare Eigenschaft wäre oder was im beobachtbaren Vorgang des Tötens bzw. Getötetwerdens aufgeht. Unsinnliche Ähnlichkeiten sind durch abstrakte Begriffe vermittelt.

6 Benjamin: Lehre vom Ähnlichen, BGS II, 204–210, 207; Über das mimetische Vermögen, a.a.O., 212.

7 Wilhelm von Humboldt: Über die Verschiedenheit des menschlichen Sprachbaues und ihren Einfluss auf die geistige Entwicklung des Menschengeschlechts, In: Humboldt Werke, hg. von A. Flitner und K. Giel, Bd. III, Darmstadt 1963, 368–756, 452.

8 Es geht mir nicht um Einflüsse, die sich bei dem Problemkreis Ähnlichkeit wohl nicht nachweisen lassen, sondern um Beziehungen in der Sache. Benjamin hat Humboldt gelesen, aber die Quellen sind spärlich. Vgl. die sehr kurzen *Reflexionen zu Humboldt* aus den zwanziger Jahren und die Anmerkungen der Herausgeber in: BGS VI, Frankfurt am Main 1985, 26 f. bzw. 648–652.

Namen verschiedener Sprachen über die Verbindung von Laut und Bedeutung stiftet, selbst eine sinnliche sein müssen. Eher kommt die *lautsymbolische* Ähnlichkeit in Frage, in der die Gesten des Sprechapparats nicht unmittelbar einen akustischen Eindruck, sondern eine gemeinsame Qualität zum Ausdruck bringen. Man kann diese Form der Bezeichnung, „obgleich der Begriff des Symbols in der Sprache viel weiter geht, die symbolische nennen. Sie wählt für die bezeichneten Gegenstände Laute aus, welche (...) für das Ohr einen dem des Gegenstandes auf die Seele ähnlichen Eindruck hervorbringen, wie *stehen, stätig, starr* den Eindruck des Festen, das Sanskritische *lî, schmelzen, auseinandergehen*, den des Zerfliessenden, *nicht, nagen, Neid* den des fein und scharf Abschneidenden."[9] Aber auch auf der lautsymbolischen Ebene bliebe die Ähnlichkeit verschiedener Wörter eine sinnlich begründete, wenngleich sie auf der Verwandtschaft verschiedener sinnlicher Eindrücke (etwa des Gehörs und des Gesichts) fundiert ist. Von unsinnlicher Ähnlichkeit der Wörter ließe sich wohl nur dann sprechen, wenn ihre Beziehung auf die Bedeutung selbst nicht mehr durch sinnliche Ähnlichkeit charakterisiert wäre. Das ist aber bei der Lautsymbolik nicht der Fall. Z.B. sind das englische Wort tomb und das deutsche Wort Grab beide lautsymbolisch durch den langen Vokal, bei dem die Artikulationswerkzeuge (Mund, Lippen etc.) in ihren Gesten die Höhlung des gemeinten Gegenstandes nachbilden, und eben deshalb stehen sie auch in sinnlicher Ähnlichkeit zueinander.

Unsinnlich wäre die Ähnlichkeit, wenn sie in der Bezeichnung eines abstrakten, von konkreten Gattungsbegriffen abgezogenen, Begriffs bestehen würde. Das ist der Fall von *analogischer* Ähnlichkeit der Worte. Dabei müssen es nicht Wörter verschiedener Sprachen sein, die in einer Beziehung analogischer Ähnlichkeit stehen. Es geht, wie Humboldt schreibt, um „Lautähnlichkeit nach der Verwandtschaft der zu bezeichnenden Begriffe."[10] Mit den Lauten sind Präfixe oder Suffixe gemeint, die selbst keinerlei malende oder symbolische Beziehung zum Gegenstand haben: der Flieg*er* verhält sich zum Fliegen wie der Reit*er* zum Reiten und der Jäg*er* zum Jagen. Leitend sind hier abstrakte Begriffe wie Tätigkeit und Täter. Analoge Wörter sind sich ähnlich (die -*er*-Silbe), aber diese Ähnlichkeit steht in einer nur bezeichnenden Beziehung zur Ähnlichkeit ihrer Bedeutung (Täterwörter zu sein), die jene sinnliche Ähnlichkeit konstituiert. Humboldt hält die Analogie von Laut und Begriff für die „fruchtbarste"

9 Humboldt, a.a.O., 453.

10 Ebda., 454.

Methode der Wortschöpfung, die freilich bereits einen wie immer beschränkten Vorrat von Wörtern vorausgesetzt.[11]

Die analogische Ähnlichkeit von Wörtern (z.B. -er-Wörtern) und ihrer Bedeutung (Täter) wäre ein heißer Kandidat zur Erläuterung des Begriffs unsinnlicher Ähnlichkeit. Denn es ist offensichtlich, dass der Träger der sprachlichen Ähnlichkeit keinen lautmalenden oder lautsymbolischen Charakter hat und somit von einer sinnlichen Ähnlichkeit zwischen Laut und Bedeutung nicht geredet werden kann. „Das Semiotische", bloß Zeichenhafte, die Silbe *-er*, ist hier der „Träger" einer Ähnlichkeit, die ihren Grund in einem abstrakten Begriff hat.[12] Was die Ähnlichkeit der Wörter stiftet, ist dem abstrakten Begriff des Gemeinten, Täter zu sein, in keiner Weise ähnlich. Die Wörter entsprechen einander, weil sie zu einer Tätigkeit den Täter nennen – *ana logon* (ἀνὰ λόγον) heißt im Griechischen genau das: im Verhältnis; analogia ist Ähnlichkeit als Entsprechung, Korrespondenz.[13]

Wenn der Begriff der unsinnlichen Ähnlichkeit einen profanen Sinn hat, dann wird er mit Humboldts dreistufiger Theorie der Beziehung von Lautähnlichkeit und Bedeutung erfasst. Unsinnliche Ähnlichkeit ist die analogische Ähnlichkeit: die Entsprechung des Verhältnisses der Begriffe zu dem Verhältnis der Laute (Tätigkeit zu Täter wie jagen und fliegen zu *Jäger* und *Flieger*). Aber vielleicht ist die hier mit Hilfe Wilhelm von Humboldts gegebene Interpretation des Begriffs „unsinnliche Ähnlichkeit" zu profan. Denn der Witz bei Benjamin besteht ja darin, dass die Beziehung der Laute verschiedener Wörter keine Beziehung der Ähnlichkeit ist, während bei Humboldt die verschiedenen Wörter durch die Bezeichnungssilbe -er selbst durchaus ähnlich sind. Humboldts analoge Beziehung von Wörtern und Bedeutungen konstituiert wohl eine unsinnliche Ähnlichkeit, eine Ähnlichkeit der Bezeichnung, aber es ist offenbar nicht die von Benjamin gemeinte.[14]

Man darf bestimmt vermuten, dass sich das Problem unsinnlicher Ähnlichkeit bei Benjamin den frühen sprachtheologischen Überlegungen verdankt. In

11 Vgl. ebda.

12 Vgl. Benjamin, a.a.O., 213.

13 Auch Anja Lemke scheint die unsinnliche Ähnlichkeit als eine der Analogie zu verstehen, wenn sie den Begriff mit dem der Korrespondenzen (Entsprechungen) zusammenbringt. Vgl. A. Lemke: Zur späteren Sprachphilosophie, in: B. Lindner (Hg.): Benjamin Handbuch, Stuttgart 2011, 643–653, 649.

14 Benjamin hatte in den *Reflexionen über Humboldt* gerade kritisiert, dass dieser die magische Seite der Sprache übersieht. Die Ansicht von der Liquidation der Magie in der Sprache, die Benjamin am Schluss von *Über das mimetische Vermögen* verkündet (vgl. Anm. 17), ist dem gegenüber geeignet, für die Zuständigkeit von Humboldts profaner Sicht unsinnlicher Ähnlichkeit zu sprechen. Nach ihr ist unsinnliche Ähnlichkeit die Ähnlichkeit nach dem Begriff.

der *Aufgabe des Übersetzers* war die Beziehung einander unähnlicher Wörter aus verschiedenen Sprachen zu dem Gemeinten so charakterisiert worden, dass die verschiedenen Wörter dasselbe auf verschiedene Weise meinen.[15] In den verschiedenen Arten des Meinens aber beziehen sich die verschiedenen Sprachen auf das, was Benjamin die „reine Sprache" nennt. Über deren theologische Bedeutung lässt der Autor keinen Zweifel. Die Wörter der historischen Sprachen selbst sind demnach nicht nur auf die Gegenstände bezogen, die „dasselbe" sein mögen (z.B. in *pain* und *Brot*), sondern auch auf Wörter der „reinen Sprache", die göttlich ist.

> „In dieser reinen Sprache, die nichts mehr meint und nichts mehr ausdrückt, sondern als ausdrucksloses und schöpferisches Wort das in allen Sprachen Gemeinte ist, trifft endlich alle Mitteilung, aller Sinn und alle Intention auf eine Schicht, in der sie zu erlöschen bestimmt ist."[16]

Die reine Sprache ist die Sprache des Schöpfers, der durch das Wort die Dinge in die Existenz ruft.[17] Zwischen den verschiedenen Sprachen und der reinen Sprache bzw. den Wörtern in ihnen, bestünde also eine Ähnlichkeitsbeziehung, die, wenn man den Begriff der schöpferischen Sprache Gottes für sinnvoll hält, als unsinnliche bezeichnet werden könnte, weil im schöpferischen Wort noch keine sinnliche Ähnlichkeit zu einem natürlichen Gegenstand vorliegen kann.

Benjamin stellt seinen Begriff der unsinnlichen Ähnlichkeit in den Zusammenhang einer Reihe weiterer Praktiken wie der Nachahmung und Deutung von stellaren Konstellationen, Eingeweiden oder Schriftbildern. Der Hinweis auf die Graphologie zeigt immerhin, dass der Begriff des Ausdrucks eine gewisse Rolle spielt. Das gilt natürlich auch für die Physiognomie, in der die Züge eines Gesichts als Ausdruck eines Affekts oder einer Haltung oder eines Charakters gelten, die ihrerseits in Beziehung zu äußeren Gegenständen stehen. Der affektive Gesichtsausdruck bietet das unverdächtigste Beispiel: Das Entsetzen wird in einem bestimmten Mimus offenbar, der seinerseits Entsetzen hervorruft und auf ein grauenhaftes Ereignis verweist. Ebenso verhält es sich mit dem Ausdruck der Freude. Solche Zusammenhänge haben nichts Obskurantisches an

15 Vgl. Benjamin: Die Aufgabe des Übersetzers, BGS IV, hg. von T. Rexroth, Frankfurt am Main 1972, 9–21, 13 f.

16 Ebda., 19; vgl. die Skizze *Antithetisches über Wort und Name* – der Titel stammt von Gershom Scholem – in der Benjamin einen Vergleich zwischen seiner früheren Sprachphilosophie und der der beiden Mimesis-Texte anstellt. BGS VII, Frankfurt am Main 1989, 795 f.

17 Vgl. ders. Über Sprache überhaupt und die Sprache des Menschen, BGS II, Frankfurt am Main 1977, 140—157. Ich komme auf diese Arbeit im 14. Abschnitt zurück.

sich, sind aber auch schwerlich mit dem Begriff einer unsinnlichen Ähnlichkeit zu erfassen. Insgesamt wird man sich bei Benjamin der Anstrengung unterziehen müssen, seinen hartnäckigen Drang nach dem tieferen Sinn, der ihn verführt, in Astrologie und Mantik eine Instanz der Erkenntnis zu sehen, von den wirklich aufschließenden und stets noch anregenden und unkonventionellen Gedanken zu scheiden.

Benjamin selbst hat in der zweiten Version seiner Ähnlichkeitslehre einen neuen Gedanken formuliert. Die Kräfte mimetischer Hervorbringung und Auffassung wandern in die Sprache „ohne Rest" hinein und liquidieren schließlich die Kräfte der Magie – in der Sprache, denn in sie sollen jene Kräfte restlos eingewandert sein.[18] Denkt man an andere Formen des mimetischen Verhaltens, z.B. das Kinderspiel oder die Posse, wird man von einer restlosen Versprachlichung freilich nicht sprechen können. Immerhin ist auch das Bedürfnis deutlich, obskure Assoziationen, welche die erste Fassung herbeigerufen hatte, aufzulösen. Gemeinsam ist beiden Fassungen die These, dass die Wahrnehmung von Ähnlichkeiten an ein *Aufblitzen* gebunden ist. Sie wird zunächst zu allgemein formuliert – die Wahrnehmung von Ähnlichkeiten sei „in jedem Fall"[19] an ein Aufblitzen gebunden – im zweiten Aufsatz dann eingeschränkt: Die Gebundenheit liegt vor „in vielen und zumal den wichtigen Fällen".[20] Dieser zeitliche Aspekt ist von grundlegender Bedeutung für Benjamins Begriff der Geschichte. Es gibt nicht nur „natürliche Korrespondenzen",[21] sondern auch historische. Genau genommen, sind auch die natürlichen Korrespondenzen „historisch", denn ihre Wahrnehmung ist an einen Augenblick gebunden. Und die historischen Augenblicke sind natürlich, denn sie sind vergänglich. Geschichte spielt auf dem Schauplatz der Natur. (vgl. den 14. Abschnitt)

18 Ders. Über das mimetische Vermögen, BGS II, 213. Es besteht ein direkter Gegensatz zu der in der *Lehre vom Ähnlichen* (wie auch in früheren sprachphilosophischen Arbeiten Benjamins) geäußerten Ansicht, die Sprache sei magisch – ein Gegensatz, der durch keine Interpretationskunst aufzuheben ist. Magie der Sprache bedeutet, dass wir unmittelbar in den Namen die Dinge selbst, ihr geistiges Wesen, besitzen. Mit der „Liquidation der Magie" wird die Theorie des Ähnlichen profan; sie wird säkularisiert. In dieser Form begegnet uns die Mimesistheorie in der *Dialektik der Aufklärung*.

19 Ders.: Lehre vom Ähnlichen, BGS II, 206; vgl. 209.

20 Ders.: Über das mimetische Vermögen, BGS II, 213.

21 Ebda., 211 sowie 205.

2 Archaische Mimesis

Beim Menschen vorstaatlicher Gesellschaften ist Mimesis in viel höherem Grade, als dies heute der Fall ist, spontan und impulsiv. Sie ist ein Verfahren, sich das Fremde anzueignen, wie Darwins Tagebuch seiner Forschungsreise mit der *Beagle* zeigen kann. Als er 1832 nach Feuerland gekommen war, traf er auf Eingeborene, die jede Geste wie Gähnen oder Räuspern sofort („immediately", unvermittelt) nachahmten; „they viewed our dancing and immediately began themselves to waltz with one of the officers. (...) Their whole conduct was such an odd mixture of astonishment & imitation, that nothing could be more laughable & interesting."[22]

Die herausragende Bedeutung der Mimesis für vorstädtische Gesellschaften besteht jedoch in der Magie des Rituals, die Horkheimer und Adorno als „organisierte Handhabung der Mimesis" bezeichnen.[23] Im Ritual versuchen die Jäger und Ackerbauern der Vorzeit, die äußere Natur durch Nachahmung zu beeinflussen.[24] Jagdtänze oder Fruchtbarkeitsrituale – einschließlich des Regenzaubers im Schlangenritual, das Aby Warburg beschrieben hat[25] – wollen die Unterstützung der Natur für die eigene Anstrengung bewirken. Zu diesem Zweck sehen die (jung)steinzeitlichen Menschen Ähnlichkeiten und werden sie ähnlich, indem sie das Verhalten der Tiere oder andere Naturvorgänge nachahmen.

> „Indem der Jäger oder Ackerbauer sich maskiert, d.h. nachahmend in die Jagdbeute [oder in das Korn und seinen Geist/HES] hineinschlüpft, glaubt er, durch geheimnisvolle mimische Verwandlung vorgreifend zu erzwingen, was er gleichzeitig durch nüchterne, tagwache Arbeit als Jäger

22 Charles Darwin: Diary oft he Voyage of H.M.S. Beagle, in: The Works of Charles Darwin, Vol. 1., New York 1987, 110 f. Zitiert nach Dorothee Kimmich: Ins Ungefähre. Ähnlichkeit und Moderne, Konstanz 2017, 116. Darwins Erlebnisse auf Feuerland spielen auch eine prominente Rolle bei Michael Taussig: Mimesis und Alterität. Eine eigenwillige Geschichte der Sinne, Hamburg 1997 (engl. 1993), 81–108. Vgl. auch die interessante Schilderung von Josephine Bakers Auftritt bei Graf Harry Kessler. (Taussig, 78)

23 Horkheimer und Adorno: Dialektik der Aufklärung, Frankfurt am Main 1969, 189. Auch in Max Horkheimer: Gesammelte Schriften (im Folgenden: HGS), hg. von A. Schmidt und G. Schmid Noerr, Bd. 5, Frankfurt am Main 1987, 11–290, hier 210.

24 Vgl. ebda., 25 (HGS 5, 41).

25 Die Schlange spielt im Regenzauber der Pueblo-Indianer die zentrale Rolle, weil das sich windende Tier einem während des Gewitters zuckenden Blitz gleicht. Aby Warburg: Das Schlangenritual. Ein Reisebericht, hg. von Ulrich Rauff, Berlin 2001, 21.

und Bauer ebenfalls zu erreichen trachtet. Die soziale Nahrungsmittelfürsorge ist also schizoid: Magie und Technik stoßen hier zusammen."[26]

Ob das Ineinandergreifen von Magie und zweckrationaler Tätigkeit („Technik") als schizoid bezeichnet werden kann, braucht hier nicht diskutiert zu werden. Fest steht, dass die Magie wenig Sinn macht, wenn sie nicht auf das „tagwache" und zweckrationale Handeln der Menschen bezogen wird. „Die Zauberei ist wie die Wissenschaft auf Zwecke aus, aber sie verfolgt sie durch Mimesis, nicht in fortschreitender Distanz zum Objekt."[27] Freuds Ansicht freilich, archaische Magie sei charakterisiert durch die Vorstellung von der „Allmacht der Gedanken",[28] ist doppelt falsch, denn nicht Gedanken sind das Entscheidende, sondern mimetische Handlungen, und nicht die Herrschaft über die Natur ist das Ziel des Zaubers, sondern die Gunst der Naturmächte, die dadurch bewirkt werden soll, dass man sich an sie entäußert, ihre Gestalt annimmt und ihr Verhalten ausübt. Das identische Ich, das sich in der wissenschaftlichen Naturerkenntnis und ihrer Naturbeherrschung durchhält, gibt es auf dieser Stufe der Menschheitsentwicklung noch nicht. Die Regeln des Zaubers sind, (offensichtlich auch zum Schutz des Herrschaftswissens) nicht weniger unerbittlich – „wer einen Tänzer ohne Maske sieht, stirbt"[29] – wie die Gesetze der Natur, die der moderne Techniker anwendet, aber der archaische Prozess ist von dem Bewusstsein begleitet, als Teil eines Ganzen handeln zu müssen, das nicht aus dem Gleichgewicht gebracht werden darf. Es geht nicht um einen „Sieg" über die Natur, wie er in Bacons Formel *natura parendo vincitur/Natur wird durch Gehorchen besiegt* versprochen wird, sondern um Einklang. Und es geht nicht um „die Natur", sondern um einen bestimmten, allerdings bedeutungsvollen Ausschnitt, den man nicht in einer Weise schädigen darf, die das Ganze gefährdet und die eigenen Lebensgrundlagen untergräbt.

> „Die »unerschütterliche Zuversicht auf die Möglichkeit der Weltbeherrschung«, die Freud anachronistisch der Zauberei zuschreibt, entspricht erst der realitätsgerechten Weltbeherrschung mittels der gewiegteren Wissenschaft. Zur Ablösung der ortsgebundenen Praktiken des Medizinmanns durch die allumspannende industrielle Technik bedurfte es erst

26 Ebda., 31.

27 Horkheimer/Adorno, a.a.O., 17 (HGS 5, 33).

28 Sigmund Freud: Totem und Tabu, Studienausgabe (StA), hg. von A. Mitscherlich, A. Richards, J. Strachey, Bd. IX, Frankfurt am Main 1974, 374, 376 u.ö.

29 Warburg, a.a.O., 47.

der Verselbständigung der Gedanken gegenüber den Objekten, wie sie im realitätsgerechten Ich vollzogen wird."[30]

Der von uns herausgehobene Aspekt der Riten: sich der Einheit der Natur zu versichern, wird an zwei Beispielen deutlich, die man Campbells *Mythologie der Urvölker* entnehmen kann. Der Büffeltanz der Schwarzfuß-Indianer, die für ihre Lebenserhaltung auf die Büffeljagd angewiesen waren, wird im Büffelfell, mit einem Büffelschädel auf dem Kopf aufgeführt; die Schritte sind schwer und bedächtig und ahmen so die Bewegungen der gewichtigen Tiere nach. Der Mythos, der die Institution des Tanzes begründen soll, ist etwas weitschweifig und gipfelt darin, dass die Büffel selbst den Menschen ihren Tanz und ihren Gesang beibringen, damit durch ihn, von den Menschen aufgeführt, die Lücke geschlossen wird, die sie als Jäger in die Natur gerissen haben. Tanz und Gesang der Menschen, so Campbell, „waren gedacht als der Zauber, mit dem die von Menschen für ihren Lebensunterhalt getöteten Büffel wieder ins Leben zurückgerufen werden sollten".[31]

Es könnte in Erwägung gezogen werden, ob dies der motivierende Wunsch steinzeitlicher Menschen oder nicht vielmehr die projektive Interpretation eines modernen Autors ist. Bemerkenswert ist auf jeden Fall, dass dieser Wunsch der Wiedergutmachung bei Menschen vorhanden wäre, deren reale Macht, den Naturzusammenhang zu unterbrechen, lächerlich gering ist gegenüber der, über die der kapitalistische Fleisch- oder Holzfabrikant verfügt, der nach dem Motto handelt: „Nach mir die Sintflut". Es gibt eine Reihe von Belegen, dass die „Wilden" jene heute so abwegig erscheinende Haltung zur Tötung von Tieren wirklich hatten.

Nach Walter Burkert „tritt in den Äußerungen der Jägervölker, die ethnologischer Beobachtung zugänglich waren, deutlich das Gefühl der Verschuldung dem getöteten Tier gegenüber hervor; Entschuldigung und Wiedergutmachung enthält das Ritual".[32] Dass bei den Ritualen der Vorzeit eben auch der Wusch gegenwärtig ist, den Eingriff in die Natur zu heilen, macht auch das zweite

30 Horkheimer/Adorno, a.a.O., 17 (HGS 5, 33). Das Zitat im Zitat findet sich bei Freud: Totem und Tabu, a.a.O., 378.

31 Joseph Campbell: Die Masken Gittes, Bd. 1: Mythologie der Urvölker, Basel 1991, 321.

32 Walter Burkert: Homo necans. Interpretationen altgriechischer Opferriten und Mythen, Berlin/New York 1997, 24; vgl. 29 u. 95. Vgl. auch James George Frazer: Der goldene Zweig. Das Geheimnis von Glauben und Sitten der Völker, Reinbek 1989, 753 ff. Die Entschuldigungsaktionen steinzeitlicher Jäger haben in den Augen eines modernen Menschen unvermeidlich komödiantische Züge, wenn der Geist des getöteten Tieres überzeugt werden soll, dass es ein anderer war, der es getötet hat.

Beispiel aus dem erwähnten Buch von Campbell deutlich. Es handelt sich um „das Ritual des zurückerstatteten Blutes", das Frobenius 1905 bei einer Gruppe von steinzeitlichen Jägern (Pygmäen) im Kongobecken beobachtet hatte. Das Ritual hat zunächst einen die Jagd vorbereitenden Teil, der darin besteht, vor Sonnenaufgang das Bild einer Antilope auf die Erde zu zeichnen. Sobald die ersten Sonnenstrahlen das Bild treffen, schießt der Jäger einen Pfeil in den Hals des abgebildeten Tieres und die Jagd beginnt. Ist das Tier erlegt, gehen die Jäger zum Bild zurück, um darin Haare und Blut zu verstreichen, den Pfeil herauszuziehen und dann das Bild zu verwischen. Als Motiv geäußert wird die Furcht, das Blut der Antilope könnte sonst den Jäger vernichten. Zugleich tritt die kosmische Einbettung, die Zugehörigkeit des Jagdgeschehens zum Gesamtgeschehen der Natur hervor. Campbell erläutert:

> „Das Entscheidende an der Pygmäenzeremonie war, daß der Ritus im Morgengrauen stattfand und der Pfeil genau in dem Moment in die Antilope flog, als diese von einem Sonnenstrahl getroffen wurde. Denn die Sonne ist in allen Jägermythologien ein großer Jäger: der Löwe, dessen Brüllen die Herden zerstreut, der die Antilope mit einem Satz ins Genick tötet; der große Adler, der sich im steilen Sturz das Lamm greift; der leuchtende Ball, dessen Strahlen bei Tagesanbruch die Herden des Nachthimmels zerstreut, die Sterne. (...) Für das Analogiedenken lautet die Moral: Die Sonne ist der Jäger, der Sonnenstrahl ist der Pfeil, die Antilope ist einer aus der Herde der Sterne; ergo wird, wie der Stern in der morgigen Nacht, die Antilope morgen wiederkehren. Und der Jäger hat das Tier auch nicht in einem persönlichen, mutwilligen Akt getötet, sondern nach den Vorschriften des Großen Geistes."[33]

Der Aspekt der Furcht, die durch das Ritual beschwichtigt werden soll, bzw. der Entsühnung einer Schuld verweist auf die emotionale Komponente in allen rituellen Veranstaltungen. Georg Lukács hat besonders hervorgehoben, dass Riten eine evokative Intention besitzen. Im Jagd- oder im Kampftanz rufen sie Mut und Zuversicht hervor.[34] Dass bei der Mimesis auch die Furcht im Spiele ist, hatte schon Nietzsche behauptet. Ihm zufolge ist Nachahmung die Quelle des Verstehens Anderer und verdankt sich der Furcht vor ihnen. Aus Furcht wollen wir den Anderen verstehen, und um zu verstehen, ahmen wir nach. Wenn wir

33 Campbell, a.a.O., 334.

34 Georg Lukács: Eigenart des Ästhetischen Bd. 1, Berlin und Weimar 1987, 354 ff. und 374 ff.

die physiognomischen oder habituellen Wirkungen eines Gefühls, etwa der Trauer im Gesicht eines Anderen, „nachbilden“, „dann entsteht in uns ein ähnliches Gefühl, infolge einer alten Assoziation von Bewegung und Empfindung, welche darauf eingedrillt ist, rückwärts oder vorwärts zu laufen“. Mimesis ist Instrument und Begleiterscheinung einer urtümlichen Alltagshermeneutik. Am deutlichsten zeige die Musik, „welche Meister wir im schnellen und feinen Erraten von Gefühlen und Mitempfindungen sind.“[35] Nachahmende Künste und Intelligenz seien bei ängstlichen Völkern zu Hause. „Die Fähigkeit des raschen Verstehens – welche somit auf der Fähigkeit beruht, *sich rasch zu verstellen* – nimmt bei stolzen, selbstherrlichen Menschen und Völkern ab, weil sie weniger Furcht haben“.[36] Der herausragenden Rolle, die Tiere in der archaischen Mimesis spielen, wird Nietzsches Hypothese nicht gerecht.

35 Friedrich Nietzsche: Morgenröte Aph. 142, 121 f.

36 Ebda., 123. Von einem Sich-Verstellen, d.h. einer bewussten Täuschungsabsicht, kann bei einem unwillkürlichen Verhalten, wie es die Mimesis ursprünglich war und oftmals noch ist, kaum die Rede sein. Und ob die Diagnose „Täuschung“ den Kunstwerken gegenüber angebracht ist, muss doch sehr in Zweifel gezogen werden.

3 Zivilisationsgeschichte und Herrschaftskritik: Horkheimer und Adorno

Benjamins Mimesis-Theorie ist eine Voraussetzung für das Konzept der Dialektik der Aufklärung, die Horkheimer und Adorno in den vierziger Jahren des letzten Jahrhunderts entworfen haben, und für die partielle Konkretisierung dieses Konzepts in Horkheimers Vorlesungen über die *Eclipse of Reason* (*Zur Kritik der instrumentellen Vernunft*). Ich behandle diese beiden Schriften hier als Einheit, obwohl Differenzierungen in der Themenstellung, in der Akzentsetzung und auch im Stil unverkennbar sind. Von Benjamins Theorie des mimetischen Vermögens sind bei Horkheimer und Adorno die folgenden Elemente leicht wieder zu erkennen: die naturgeschichtliche Verankerung, die historische Veränderung des Stellenwerts mimetischer Verhaltensweisen, sowie die Betätigung der Mimesis in geistigen Funktionen. Was nicht übernommen wird, sind die Bezüge auf okkulte Phänomene. Zudem spielt die Herrschaftsdimension der historischen Entwicklung, in der die Mimesis zurückgedrängt wird, bei Horkheimer und Adorno eine entscheidende Rolle; bei Benjamin scheint sie nur in der Literaturbesprechung über Sprachsoziologe auf.[37]

Grundzug der Zivilisationsgeschichte ist Rationalisierung zu Lasten des mimetischen Impulses, der zu jenen natürlichen Antrieben des Menschen gehört, welche im Zuge des Fortschritts unterdrückt werden müssen. „Der kulturelle Fortschritt insgesamt (...) besteht weitgehend darin, daß mimetische in rationale Verhaltensweisen überführt werden".[38] Als rational gilt die Erhaltung eines Selbst, das sich von der Natur distanziert und schließlich nur noch im Sinne einer unbestimmten Beharrlichkeit verstanden wird. Auf solche Weise rational ist eine Praxis der bewussten Anpassung und zweckmäßigen Beherrschung seiner selbst, der Natur und der anderen. Anpassung erfolgt nicht mehr impulsiv als Anschmiegung an die natürliche und soziale Umgebung, sondern wird

37 Benjamin: Probleme der Sprachsoziologie, BGS III, 462 ff.

38 Horkheimer: Zur Kritik der instrumentellen Vernunft, HGS 6, Frankfurt am Main 1991, 21–186, 124 f.

vorsätzlich und total[39] im Bestreben, alles, auch die eigenen Fähigkeiten und Regungen, in ein Mittel der Selbsterhaltung und des Vorteils zu verwandeln.

In der *Dialektik der Aufklärung* sind verschiedene Stadien der Geschichte des mimetischen Impulses erkennbar. Mimesis ist ursprünglich Mimikry, zwanghaft impulsive Angleichung an die umgebende belebte und unbelebte Natur. Sie wird zur organischen Angleichung ans Andere, sodann zum Ritual, in dem Mimesis organisiert gehandhabt wird.[40] Der Übergang zur historischen, durch abstrakte Begriffe geleiteten Praxis – auf die Horkheimer und Adorno den Begriff der Arbeit beschränken wollen[41] – findet auf der Basis sozialer Herrschaft statt. Denn: Wesentliches Merkmal der Zurückdrängung mimetischer Verfahrensweisen zugunsten der rationalen ist die Gewinnung von Distanz zum Objekt. Distanz ist die Voraussetzung der Abstraktion. Sie aber wird gewonnen in sozialen Herrschaftsverhältnissen, in denen der Herr die Tätigkeit des Knechts zwischen sich und die Sache schiebt. „Die Allgemeinheit der Gedanken (...) erhebt sich auf dem Fundament der Herrschaft in der Wirklichkeit."[42] Abstrakte Begriffe und logische Notwendigkeit sind „Abglanz und Werkzeug" der Herrschaft. Allerdings sind sie auch die Instanz, die Kritik ermöglicht: „Die Instrumente der Herrschaft, die alle erfassen sollen, Sprache, Werkzeuge, schließlich Maschinen müssen sich von allen erfassen lassen. So setzt sich in der Herrschaft das Moment der Rationalität als ein von ihr auch verschiedenes durch."[43]

Rationalisierung als zivilisationsgeschichtlicher Prozess bedeutet also Zurückdrängen, Unterdrücken und Verleugnen des mimetischen Impulses zugunsten rationaler Verhaltensweisen. Sie bedeutet aber auch, was man seine Sublimierung nennen könnte. „Die Ratio, welche die Mimesis verdrängt, ist nicht bloß deren Gegenteil. Sie ist selber Mimesis: die ans Tote."[44]

> „Die mathematische Formel ist bewußt gehandhabte Regression, wie schon der Zauber-Ritus war; sie ist die sublimierteste Betätigung von Mimikry. Technik vollzieht die Anpassung ans Tote im Dienste der Selbsterhaltung nicht mehr wie Magie durch körperliche Nachahmung der

39 Vgl. ebda., 108.

40 Horkheimer/Adorno: Dialektik der Aufklärung, a.a.O., 189 (HGS 5, 210).

41 Vgl. ebda., 25. Die Problematik dieser Beschränkung kann hier nicht diskutiert werden.

42 Ebda., 20 (HGS 5, 36).

43 Ebda. 43 f. (HGS 5, 60).

44 Ebda,, 64 (HGS 5, 81).

> äußeren Natur, sondern durch Automatisierung der geistigen Prozesse, durch ihre Umwandlung in blinde Abläufe."[45]

Es mag bestreitbar sein, dass die Autoren ein angemessenes Verständnis des mathematisches Denkens erkennen lassen – schließlich sind Zahlen und Zahlenverhältnisse, Größen und Größenverhältnisse im Raum und seinen Figuren und Körpern, schließlich das Messen welcher Größen auch immer (Mengen, Längen, Volumen, Zeiten, Beschleunigungen, Temperaturen etc.) ein notwendiger und unverächtlicher Gegenstand menschlichen Denkens. Hingegen ist die Kritik an der Identifikation von Wahrheit und Mathematik, an der vergötzten Formelhaftigkeit, mit der alle sozialen und natürlichen Prozesse der Berechenbarkeit unterworfen werden sollen, nur allzu berechtigt. Ihre Bezeichnung als einer Mimesis ans Tote ist schwer von der Hand zu weisen, denn historisch ist mit der Mathematisierung der Naturwissenschaft die Entseelung der Naturobjekte, die Mechanisierung alles Lebendigen unvermeidlich verbunden.

Allerdings ist die Mimesis ans Tote nicht die einzige Form, in der sich die Sublimierung der Mimesis im menschlichen Wissen vollzieht. Mimesis ist Bedingung von Erkenntnis schlechthin, wenn irgend diese mit Objektivität und Differenziertheit zu tun haben soll. In der Forderung nach objektiver Erfahrung findet, so Adorno in der *Negativen Dialektik*,

> „das mimetische Moment der Erkenntnis Zuflucht, das der Wahlverwandtschaft von Erkennendem und Erkannten. Im Gesamtprozeß der Aufklärung bröckelt dies Moment allmählich ab. Aber er beseitigt es nicht ganz, wofern er nicht sich selbst annullieren will. Noch in der Konzeption rationaler Erkenntnis, bar aller Affinität, lebt das Tasten nach jener Konkordanz fort, die einmal der magischen Täuschung fraglos war. Wäre dies Moment gänzlich getilgt, so würde die Möglichkeit, daß Subjekt Objekt erkennt, unverständlich schlechthin".[46]

Wenn der Erkenntnis ein mimetisches Moment unverzichtbar ist, dann kann ihr die Sprache nicht äußerlich werden, denn in ihr ist das mimetische Erbe der Menschheit aufbewahrt. Auch die Wörter der prähistorischen Sprachen müssen bereits eine allgemeine Bedeutung gehabt haben. Situationsunabhängige

45 Ebda., 190 (HGS 5, 211).

46 Adorno: Negative Dialektik, Gesammelte Schriften (AGS), hg. von R. Tiedemann, Bd. 6, Frankfurt am Main 1975, 55.

Verständigung, insbesondere die Planung von gemeinsamen Tätigkeiten wie Jagen oder das Produzieren von Werkzeugen oder Behältern, auch die Inszenierung von Ritualen, wären sonst nicht möglich gewesen. Allerdings hat sich der Begriff nicht dauerhaft vom Wort abgelöst, dessen magische Kraft von der Anwesenheit der Gattung im Einzelnen abhängt. Die Differenzierung von Wort und Begriff, in der die Überwindung der Magie besteht, löst ihre Beziehung nicht schon auf. Wort und Begriff, obwohl unterschieden, sind noch in einer Einheit, in der die Lautgestalt die Bedeutung mitprägt. Aufgelöst wird diese Beziehung in der Beschränkung des Worts auf seine Zeichenfunktion. Es soll bloß noch willkürlich sein und als Mittel, sei es der Kommunikation oder der Beeinflussung, fungieren. Ausgeschlossen wird die Kohärenz der Wörter wie die der Dinge und Ereignisse. Das Prinzip der Identität wird zwanghaft und erstarrt. Benennung wird zur Klassifikation, einem Schubfach, aus dem es kein Entrinnen gibt.

> „Unterschieden voneinander und unablösbar waren Wort und Gehalt einander gesellt. Begriffe wie Wehmut, Geschichte, ja: das Leben, wurden im Wort erkannt, das sie heraushob und bewahrte. Seine Gestalt konstituierte und spiegelte sie zugleich. Die entschlossene Trennung, die den Wortlaut als zufällig und die Zuordnung zum Gegenstand als willkürlich erklärt, räumt mit der abergläubischen Vermischung von Wort und Sache auf. Was an der festgelegten Buchstabenfolge über die Korrelation zum Ereignis hinausgeht, wird als unklar und als Wortmetaphysik verbannt. Damit aber wird das Wort, das nur noch bezeichnen und nichts mehr bedeuten darf, so auf die Sache fixiert, daß es zur Formel erstarrt.“[47]

Das konventionalistische Sprachverständnis wurde schon in der Antike formuliert, gelangte aber erst mit mathematisierter Naturwissenschaft, Experiment und maschineller Industrie zur Dominanz. Die zur Formel erstarrten Wörter erhalten erneut magische Kräfte, ihr Verständnis als Mittel führt dazu, dass sie unmittelbarer Wirkung als Appell verdächtigt oder als Zaubermittel bewundert werden und je nachdem mit einem Tabu oder einer positiven Macht belegt werden. Während in einem Statement, einer Diskussion oder einem Artikel das bloße Aussprechen der Wörter, die eine konforme Gesinnung verraten, Übereinstimmung sichert, können Wörter wie Proletariat, Ausbeutung oder

47 Horkheimer/Adorno: Dialektik der Aufklärung, a.a.O., 173 (HGS 5, 192); vgl. Horkheimer: Zur Kritik, HGS 6, 43 f.

Klassenherrschaft, selbst Gesellschaftskritik oder Materialismus schnell zum Sakrileg werden, die Gelächter oder Wut auslösen. Die fetischistische Sprachpraxis verweigert sich der Erfahrung, die in den Wörtern aufgespeichert ist, sperrt sie ab und zerstört sie. Auf diese Erfahrungen aber kommt es dem philosophischen Denken an:

> „Die wechselnden Inhalte und Akzente der Worte berichten die Geschichte unserer Zivilisation. Sprache reflektiert die Sehnsüchte der Unterdrückten und die Zwangslage der Natur; sie befreit den mimetischen Impuls. Die Transformation" – fast derselbe Ausdruck wie bei Walter Benjamin – „dieses Impulses in das allgemeine Medium der Sprache anstatt in zerstörerisches Handeln bedeutet, daß potentiell nihilistische Energien im Dienst von Versöhnung stehen. (...) Die Philosophie hilft dem Menschen, seine Ängste zu beschwichtigen, indem sie der Sprache hilft, ihre echte mimetische Funktion zu erfüllen, die natürlichen Tendenzen zu spiegeln."[48]

Horkheimer traut es der philosophischen Erkenntnis und ihrer Erfahrung zu, die mimetischen Potenzen der Sprache zu aktualisieren. Aber Erkenntnis und Sprache sind nicht die einzigen Formen, in denen das mimetische Vermögen aktuell bleibt. Auch in Alltagspraxis und Politik zeigt sich eine Aktualität, die unter den Bedingungen der Unterdrückung destruktive Formen annimmt. Mimesis ist ein anthropologisches Bedürfnis, das zwar zugunsten rationaler Verhaltensweisen verdrängt werden muss, jedoch auf dem Sprung steht, sich in der verstümmelten Form, welche die Herrschaft ihm gegeben hat, auszudrücken, wie man es in jedem Nachäffen oder bei karnevalistischen Veranstaltungen beobachten kann. In seiner verstümmelten und revoltierenden Form ist der mimetische Impuls politisch manipulierbar.

> „Wut, Hohn und vergiftete Nachahmung sind eigentlich dasselbe. Der Sinn des faschistischen Formelwesens, der ritualen Disziplin, der Uniformen und der gesamten vorgeblich irrationalen Apparatur ist es, mimetisches Verhalten zu ermöglichen. (...) Der Faschismus ist totalitär auch

48 Ebda., HGS 6, 179.

darin, daß er die Rebellion der unterdrückten Natur gegen die Herrschaft unmittelbar der Herrschaft nutzbar zu machen strebt."[49]

Horkheimer hat die Indienstnahme der revoltierenden Mimesis in der *Kritik der instrumentellen Vernunft* noch einmal und ausführlicher thematisiert.[50] An den Aufmärschen der Rechtsextremen, aber auch an der weniger martialischen Inszenierung der Massen bei den Eröffnungsfeiern großer Sportereignisse kann man die These von der Aktualität des mimetischen Impulses in Form seiner Instrumentalisierung überprüfen. So viel lässt sich schon festhalten: Eine Politik der Ähnlichkeit muss nichts Gutes bedeuten.

Nachdenken über das Fortleben des mimetischen Impulses in der Zivilisation ist unvollständig ohne einen Blick auf Adornos *Ästhetische Theorie*. Ihr zufolge ist die Kunst „Zuflucht des mimetischen Verhaltens"[51], aber nicht die einfache Antithese zur Rationalität. Kunst ist selber rational, insofern sie die Abkehr von den magischen Praktiken der Vorzeit voraussetzt und mitvollzieht. Sie ist „begriffsähnlich ohne Begriff", weil sie die „Anschauung eines Unanschaulichen",[52] des Neuen oder des Noch-Nicht-Seienden, noch Unbestimmbaren ist. Adornos *Ästhetische Theorie* weist uns mit Nachdruck darauf hin, dass es in Kunst – wie in der Sprache – eine Mimesis, die nichts als Nachahmung und in keiner Hinsicht Schöpfung oder Gestaltung ist, gar nicht gibt. Kunstwerke widerstreiten der instrumentellen Rationalität, indem sie deren Irrationalität aussprechen, welche die kapitalistische Gesellschaft verstecken will. „(...) dagegen repräsentiert Kunst Wahrheit im doppelten Verstande; in dem, daß sie das von Rationalität verschüttete Bild ihres Zwecks festhält, und indem sie das Bestehende seiner Irrationalität: ihres [sic!] Widersinns überführt."[53] Als Statthalter des Unverfügbaren und als „Mimesis ans Entfremdete"[54] ist Kunst eine „Gestalt von Erkenntnis".[55] Die Erkenntnisfunktion des mimetischen Vermögens in dieser begriffslosen Gestalt näher darzulegen, liegt freilich jenseits der vorliegenden Untersuchung.

49 Horkheimer/Adorno: Dialektik der Aufklärung, a.a.O., 194 (HGS 5, 214 f.).

50 Vgl. Horkheimer: Zur Kritik, HGS 6, 124–128.

51 Adorno: Ästhetische Theorie, AGS 7, hg. von G. Adorno und R. Tiedemann, Frankfurt am Main 1974, 86.

52 Ebda. 148.

53 Ebda., 86.

54 Ebda., 39

55 Ebda., 87.

4 Sublimierte Mimesis bei Platon

Auch wer von Platon nur wenig kennt, dürfte von dem Skandal gehört haben, den seine Verurteilung der nachahmenden oder darstellenden Kunst im X. Buch der *Politeia* erregt. Die künstlerische Nachahmung der Dichter, an deren Spitze Homer steht, und die der Maler sei als solche schlecht (φαύλος/faulos)[56] und ist aus dem idealen Staat zu verbannen, weil sie keine wahre Kenntnis der Dinge, Lebewesen und Handlungen voraussetzt und liefern kann. Deshalb stiftet sie nur Verwirrung in den Seelen derer, die an die sinnliche Anschauung gebunden bleiben. Nachahmende Dichter und Maler nähren die niedrigen Regungen und ersticken die Vernunft. Gemessen am Ideal des besonnenen und selbstbeherrschten Mannes sind sie also schädlich. Man darf jedoch nicht übersehen, dass Platon nachahmende Dichtung nicht generell verbannt, sondern eine solche fordert, die pädagogisch und moralisch wertvoll ist und auf der Erkenntnis des idealen Staates und der Unsterblichkeit der Seele beruht. Die wahre Politik braucht Götterhymnen und Lobgesänge auf vorbildliche Männer; sie braucht den Mythos zur Manipulation und sie schafft ihn sich selbst.[57]

Vor allem aber sind die verurteilten Künste nicht die einzige Form der Nachahmung, wie schon ihr Vergleich mit den Handwerkern zeigt, die nützliche Dinge, nicht Bilder, mit Blick auf die Ideen herstellen. Ihre Arbeit gilt bei Platon als eine gute, unverdächtige, weil lebensdienliche Nachahmung. Die Ähnlichkeit, die das handwerkliche Produkt mit der ursprünglichen Idee besitzt, ist Ausweis seiner Güte. Damit ist aber die positive Funktion von Nachahmung und Ähnlichkeit nicht erschöpft: Alle Erziehung beruht auf Nachahmung, sei es

56 Platon: Politeia 603 b (Werke, gr.-dt., übs. von F. Schleiermacher, bearbeitet von D. Kurz, Darmstadt 1990, Band 4, 818 f.)

57 Vgl. das dritte Buch der Politeia, insbesondere 393c–398b (Werke 4, 202–217) und 414b–415 d (Werke 4, 266–271), wo es gilt, eine „schöne Lüge" einzuführen. – Platon hat im *Sophistes* innerhalb der menschlichen Nachahmung noch klarer differenziert. Bildererzeugende (eidōlopoiikē) Kunst, die Mimesis, wird geteilt in abbildende (eikastikē technē) und scheinbildende (phantastikē technē). Die scheinbildende Kunst kann mit Wissen oder aber mit bloßer Meinung vollzogen werden. (vgl. 235 d–236 d und 264 c ff.) Zeichnerische, malerische oder plastische Kunst, aber auch die gestische Nachahmung eines Anderen in Drama und Rhetorik können scheinbildend und wissensfern sein, sind es aber nicht immer. (Im 2. Buch der Nomoi wird die altägyptische Kunst gepriesen.) Ziel des Dialogs ist die Definition des Sophisten als eines rhetorisch scheinbildnerischen und sich verstellenden Nachahmers, der Wissen vortäuscht. (Platon: Sophistes, gr.-dt., hg. von R. Wiehl, Hamburg 1967, 57–65 sowie 153–167). Zur Diskussion von Platons Kunstauffassung: Ernst Cassirer/Erwin Panofsky: Eidos und Eidolon/Idea, Hamburg 2008.

in Körperhaltung, sittlichen Einstellungen oder Gedanken.[58] Eine positive Rolle spielen Ähnlichkeiten auch für die Theorie und zwar ganz grundlegend als die, das gesamte Konstrukt der *Politeia* tragende, Ähnlichkeit zwischen der Gliederung der menschlichen Seele und der Gliederung des Staates. Es handelt sich um eine Schichtung in drei Ebenen. In der menschlichen Seele ist die untere Ebene die Begierde, die mittlere Mut und Wille (thymos/θυμός), die höchste die Vernunft. Im richtigen Staat ist die tragende Schicht die der Bürger und Bauern, welche für die Befriedigung sinnlicher Bedürfnisse sorgen, die mittlere Schicht die der Krieger oder Wächter, die über die Einhaltung der Gesetze und die Sicherheit nach außen wachen, während schließlich an der Spitze die regierenden Wächter, die Gesetzgeber und Leiter des Staates stehen. Diesen Strukturen entspricht der Aufbau der Tugenden: Besonnenheit, Tapferkeit und Weisheit, die jeweils einer Seelenschicht bzw. (in ihrer besten Ausbildung) einer Klasse zugeordnet sind. Gerechtigkeit sorgt für die Anordnung des Ganzen sowohl im Individuum wie im Staat: Jedem Teil wird die ihm eigene Funktion zugewiesen, die er nicht überschreitet, wenn es gerecht zugeht. Ein Blick auf den *Timaios* zeigt, dass ein ähnlicher dreigliedriger Aufbau auch für den Kosmos, den menschlichen Leib und die Wesen auf der Erde gilt.[59]

Nach Platons Ontologie sind die Phänomene und die sichtbare Welt als Ganze Abbilder (eikona) von Vorbildern (paradeigmata), die nur dem Denken, nicht den Sinnen zugänglich sind. Mimesis wird so weit sublimiert, dass ihr Zentralbegriff, die Ähnlichkeit, zu einer Kategorie des spekulativen Denkens wird, das die wahren Gegenstände und ihre Verhältnisse jenseits der sinnlichen Wahrnehmung erkennen will. Die Vorbilder der intelligiblen Welt, die Ideen, sind ewig, die vergänglichen Abbilder der sinnlichen Welt sind ihnen mehr oder weniger ähnlich, indem sie an ihnen teilhaben. Aristoteles berichtet, dass Platon den Begriff Mimesis, mit dem die Pythagoreer das Verhältnis der sinnlichen Dinge zu ihrem Wesen, den Zahlen, gedacht haben, durch den Begriff der Teilhabe (Methexis) ersetzt hat.[60] Gleichwohl ist bei Platon die Charakterisierung des Endlichen, Vergänglichen noch durchgehend bestimmt von den Begriffen, die aus dem Umfeld der Mimesis stammen: Abbild, Ähnlichkeit,

58 Platon: Politeia 395 b (Werke 4, 208 f.).

59 Im Kosmos gilt das dreigliedrige Schema Erde, bewegliche Himmelskörper (Sonne, Mond und Planeten), schließlich der Fixsternhimmel. Im menschlichen Leib ist der Bauchraum Sitz der Begierde, das Herz („zwischen Zwerchfell und Hals" (Platon: Timaios, gr.-dt., hg. und übs. von H.G. Zekl, Hamburg 1992,131)) der des Muts, der Kopf der Sitz der Vernunft. Die Lebewesen der Erde sind Pflanzen, Tiere und der Mensch.

60 Vgl. Aristoteles: Metaphysik I–VI, gr.-dt., übs. von H. Bonitz, hg. von H. Seidl, Hamburg 1982, 38/39 (Buch I, 6. Kap., 987 b).

Verwandtschaft. Gestiftet ist das Verhältnis durch den Gott, der das All geschaffen hat, indem er auf das Immerwährende (pros to aidion/πρὸς τὸ ἀίδιον), die intelligible Welt, geblickt hat.[61] Der Schöpfer selbst wollte, „dass alles ihm selbst möglichst ähnlich [homoios, auch parapläsios] werde".[62]

Die Bestimmung des Verhältnisses von Idee und sinnlichen Gegenständen als eine von Vorbild zu Abbild bzw. als Ähnlichkeit, ist, wie die Diskussionen von Platons Zeit bis heute zeigen, mit schweren Problemen behaftet. Platon betont vor allem die Differenz von Vorbild und Abbild. Dieses könne, so ein Argument des Sokrates aus dem *Kratylos*, das Vorbild nicht in allen Einzelheiten wiedergeben, es müsste es denn identisch verdoppeln.[63] Aber auch die Analogie zwischen sinnlichem Bild und sinnlicher Vorlage (etwa beim Porträt) kann das Verhältnis von Sinnending und Idee nicht treffen, denn diese liegt jenseits der Sinnenwelt. Die Idee ist sich gleichbleibende Form, das ihr Ähnliche ist vergänglich.[64] Weiter führt die Überlegung, dass wir es immer mit der Pluralität von Dingen einer Art zu tun haben. Idee ist der Typus, den wir in allen Pferden erkennen,[65] d.h. intuitiv erfassen, indem wir uns an das Was-Sein, das Wesen des Pferdes erinnern, das wir – so der platonische Mythos – pränatal gewusst haben. „Typus" ist die Idee in der Vielheit der Dinge, die Antizipation dessen, was dann für Aristoteles, nach der Kritik des abgetrennten Ansichseins, das Eidos oder die Wesensform in den Dingen sein wird. Ohne auf die Problematik der Ideenlehre und ihrer aristotelischen Alternative näher eingehen zu müssen, können wir festhalten, dass die Nachahmung und die Ähnlichkeit, die sie erzeugt, immer auch ein Moment der Differenz, nie bloß eines der Gleichheit enthalten muss. Dieses Moment ist mit der Vielzahl selbst gegeben. Im *Philebos* schließt Sokrates sich der pythagoreischen Lehre an, „aus Einem und Vielem sei alles, wovon jedesmal gesagt wird, daß es ist."[66] Die Verbindung beider geht sowenig ohne Zwang ab, wie die innere Ordnung im Staat, über die Bewaffnete wachen müssen, oder die Herrschaft der Seele über den Leib als Beherrschtes: Das Verschiedene muss zum Selbigen mit Gewalt (bia/βία) gefügt werden.[67]

61 Vgl. Platon: Timaios, 29 a (a.a.O., 30 f.).

62 Ebda. 29 e, 32f.

63 Vgl. ders.: Kratylos, 432 a (Werke 3, 395–575, 546 f.)

64 Tatsächlich wäre das Verhältnis von Idee und Sinnendingen eine unsinnliche Ähnlichkeit, die jener entspricht, die Walter Benjamin zwischen den Wörtern der verschiedenen Sprachen und dem schöpferischen Gotteswort behauptet hatte.

65 Vgl. Kratylos 432 e (Werke 3, 548 f.).

66 Platon: Philebos 16 c–d (Werke 7, 255–443, 272 f.).

67 Vgl. Timaios 35 a (a.a.O., 40 f.).

Als Ganzes hat die Welt die größtmögliche Ähnlichkeit zur Vernunft durch ihre Ordnung (taxis/τάξις) und die Regelmäßigkeit ihrer Bewegungen. Die Bewegungen der Himmelskörper sind kreisförmig, in sich zurückkehrend und darin sind auch sie ein Abbild, nämlich eine Nachahmung der Ewigkeit. Zeit besteht nur durch die Bewegungen der Himmelskörper, einschließlich der Bewegung der Erde um ihre eigene Achse, die zugleich die Achse des Weltalls ist.[68] Für die Ordnung, die der Gott stiftet, ist die *Analogie* entscheidend, der wir als Ordnungsprinzip im Staat und in den Individuen schon begegnet sind. Analogie meint eine Ähnlichkeit von Verhältnissen, deren Spezialfall die mathematische Analogie oder Proportion ist, die Gleichheit der Verhältnisse bedeutet. Analogie kommt, wie im ersten Abschnitt bereits erwähnt, von ana logon: im Verhältnis oder in Entsprechung oder Korrespondenz. Für Platons Kosmologie ist die kontinuierliche Analogie grundlegend: A:B=B:C, 2:4=4:8 usw. Das elementare Verhältnis im Kosmos lautet: „Wie Feuer zu Luft, so Luft zu Wasser, und wie Luft zu Wasser, so Wasser zu Erde."[69] Es ist also die Mathematik, das Zahlenverhältnis, welches die Rationalität des Alls ausmacht. Aber Platon schränkt sogleich ein: nur soweit es möglich war[70] hat der Gott die Verhältnisse der Elementarkörper als mathematische Proportionalität geschaffen. Die Materie führt immer zu Abweichungen von den reinen Verhältnissen.

Während also die Dinge unserer sinnlichen Welt Abbilder der intelligiblen sind, muss sich unsere Erkenntnis zur Ähnlichkeit mit dieser Ideenwelt erziehen.

> „Der Gott hat für uns das Seelenvermögen erfunden und es uns geschenkt, damit wir, die Kreisläufe der Vernunft am Himmel sehend, sie anwenden sollten auf die Umläufe des Denkens bei uns, die sind mit ihnen verwandt (συγγενεῖς/ syngeneis), doch als verwirrte mit ungestörten; die sollten wir lernend erkennen, an der Richtigkeit ihrer Berechnung nach der Natur teilgewinnen, sollten die Kreisläufe des Gottes, die durchaus ohne Irren sind, nachahmen (mimeisthai/μιμεῖσθαι)und so die

68 Auch die Erde ist für Platon und selbstverständlich auch für Aristoteles kugelförmig. Die selbstgefällige Durchschnittsmeinung Heutiger, die Gebildeten der Antike und des Mittelalters hätten das nicht gewusst, ist falsch.

69 Timaios, 32 b (a.a.O., 36 f.).

70 Vgl. ebda.

in uns befindlichen [erg.: Bewegungen/HES], die in die Irre gehen, in Ordnung bringen."[71]

Durch die Betrachtung der Ordnung im All schaffen wir Ordnung in unserem Denken und erst das befähigt uns, die richtige Ordnung in unseren persönlichen und politischen Verhältnissen herzustellen. Dass diese Erkenntnis eine Angleichung an die göttliche Vernunft ist, sagt auch der *Siebte Brief* Platons, dessen Echtheit zwar immer noch umstritten, aber von der Mehrzahl der Fachleute anerkannt ist. Wissen (ἐπιστήμη/epistämä) und Denken (νοῦς/nous) kommen den Dingen an sich am nächsten infolge ihrer „Verwandtschaft und Ähnlichkeit".[72]

Einen Spezialfall platonischen Ähnlichkeitsdenkens bildet die Sprachphilosophie, wie sie im *Kratylos* dargestellt ist. Das Argumentationsziel stimmt mit der These der epistemischen Ähnlichkeit überein: Man soll die Dinge durch sich selbst in ihrem Wesen kennen lernen und nicht glauben, sie durch die Analyse der Worte, etwa durch Ähnlichkeiten in ihrer Lautzusammensetzung, erkennen zu können. Etymologie kann sachliches Wissen nicht ersetzen. Insofern ist die Position des Sokrates derjenigen des Kratylos entgegengesetzt, der behauptet: Jedes Ding habe seine ihm von Natur zukommende richtige Benennung.[73] Den Gegenstandpunkt vertritt Hermogenes: Richtigkeit von Worten gibt es nur gemäß *Vertrag, Übereinkunft oder Gewohnheit*.[74] Nach dieser These wäre die Richtigkeit der Wörter eine Frage sozialer Regeln, die ein Wortschöpfer (onomatourgos) gesetzt hat.

Die Situation des Dialogs wird dadurch verkompliziert, dass Kratylos Anhänger Heraklits ist und meint, dass die Natur der Dinge in einem unaufhörlichen Wandel bestehe. Das kann Platon bzw. seine Figur „Sokrates" nicht akzeptieren. Die Natur der Dinge muss etwas sich gleich Bleibendes, Ewiges sein; es gäbe keine Erkenntnis (Gnosis), „wenn alle Dinge sich verwandeln und nichts bleibt."[75] Aber auch ohne jene heraklitische ontologische Prämisse ist die Position des Kratylos mit Schwächen behaftet, wie ein Blick auf die Verschiedenheit der Sprachen und Dialekte und die Tatsachen des historischen Sprachwandels zeigt. Zwar kann es auf einzelne Laute nicht ankommen, wenn es um die

71 Ebda., 47b–c (71); vgl. 90 c/d (185).

72 Platon: Siebenter Brief, 342 c (Werke 5, 366–443, 417); vgl. Michael Bordt: Angleichung an Gott, in: Horn/Müller/Söder (Hg.): Platon Handbuch, 2. A., Stuttgart 2020, 258–260.

73 Vgl. Platon: Kratylos, 383 a–b (Werke 3, 396 ff.).

74 Vgl. ebda., 384 c–d (398–401).

75 Ebda., 440 a (573).

Angemessenheit des Worts zur Natur der Dinge geht – aber kann es überhaupt auf die Laute ankommen, wenn wir unter „Natur" das geistige, nur mit dem Denken erfassbare Wesen der Dinge verstehen sollen?

Immerhin lassen sich Wörter mit Buchstaben (grammata) und Silben (syllabai) finden, die den Dingen, die durch sie bezeichnet werden, ähnlich sind. Es handelt sich um das, was wir im Sinne Wilhelm von Humboldts als Lautsymbolik bezeichnen können. Im *Kratylos* wird das „r" (rho) als „Buchstabe" (gramma) genannt, der eine Bewegung zum Ausdruck bringt wie z.B. im Verb rhein/strömen, fließen.[76] Das griechische Verb „rhein" (ʻρεῖν/reijn) geht auf ein indoeuropäisches Wort *erei/fließen zurück, das auch dem Flussnamen „Rhein" zugrunde liegt.[77] Eine lautsymbolische Funktion hat im Deutschen z.B. im Wort „Grab" das „a", indem es als Geste der Artikulationsorgane (Lippen, Kehle etc.) die Höhlung der gemeinten Bestattungsstätte nachahmt. Es wäre jedoch verfehlt anzunehmen, dass die Laute „r" und „a" immer eine symbolische Funktion hätten.[78] Und man wird nicht behaupten können, dass der Eindruck einer Höhlung eine Wesenserkenntnis jener Dinge liefert, die wir „Gräber" nennen. Auf das Wesen (ousia/οὐσία), nicht auf Gestalt, Stimme oder Farbe kommt es an.[79] Mag es in den Sprachen auch Wörter geben, die in ihren Lauten die Dinge nachahmen und ihnen ähnlich sind, so ist es doch nicht das Wesen, das sie nachahmen, weil dieses nur durch den Verstand, nicht durch Gesten des Sprechapparats erfasst werden kann. Diese Unfähigkeit der Wörter liegt nach heutigem Verständnis daran, dass unsere Sprachen in einer Zeit ihren Ursprung hatten, in der die Frage nach dem Wesen der Dinge noch nicht von den sich aufdrängenden (akustischen, optischen, haptischen) Eindrücken geschieden war, die sie auf die menschlichen Sinne machten. Auch in der jüngeren Vergangenheit vollziehen sich spontane Wortneubildungen gemäß dem vorherrschenden Eindruck (z.B. das Wort „knipsen" für die Bedienung eines Schalters oder eines Auslösers beim Fotografieren), nicht nach der Erkenntnis dessen, was sich beim „Knipsen" eigentlich abspielt.

Die am Beginn des *Kratylos* stehende Widerlegung der Position des Hermogenes, Worte seien durch willkürliche Setzung entstanden, rekurriert auf die Analogie der Wörter zu den Werkzeugen eines Handwerkers.[80] Diese müssen dem Material und den zu verwirklichenden Formen angemessen sein.

76 Vgl. ebda., 426 c (529).

77 Vgl. Dieter Berger: Duden, Geographische Namen in Deutschland, Mannheim 1993, 222.

78 Vgl. Platon: Kratylos, 434 c–435 d (554–559).

79 Vgl. ebda., 423 d–e (520 f.).

80 Ebda., 387 d–390 e (410–421).

Entsprechendes gilt von den Wörtern als Werkzeugen des Redens (legein/λέγειν). Sie müssen zur Eigenart der Dinge passen, weil sie die Gegenstände der Welt auf eine ihnen und ihren Beziehungen angemessene Art unterscheiden und einteilen müssen. Das Ergebnis des Dialogs lässt weder die These der „Nachahmung des Wesens" in den Wörtern (vertreten durch Kratylos) noch die ihrer willkürlichen Setzung (vertreten durch Hermogenes) bestehen. Benennung ist objektiv, d.h. von den Gegenständen her bestimmt, und zugleich subjektiv, d.h. in den Sprechern und ihren Setzungen begründet. Sprache enthält sowohl mimetische (lautmalende, lautsymbolische und analogische) als auch sachfremde, willkürliche und auf Gewohnheit beruhende Elemente.[81]

81 Zum *Kartylos* vgl. Jochem Hennigfeld: Sprachphilosophie, in: Platon-Handbuch, a.a.O., 231–239.

5 Die Ähnlichkeiten der Renaissance: Michel Foucault und Karen Gloy

Die Renaissance war eine Blütezeit des Ähnlichkeitsdenkens, die spätestens mit Goethes Faust Gegenstand der Faszination geworden ist. „Es geht ein großes Sich-Entsprechen durch die Welt", wie Ernst Bloch bei der Darstellung von Paracelsus formuliert.[82] Michel Foucault unterlegt seiner Geschichte der modernen Wissenschaften, die eine Archäologie, eine Hebung verschütteter Fundamente sein will, die Vergegenwärtigung jener Epoche, in der die Welt von Ähnlichkeiten und von durch sie bezeichneten Kräften durchzogen war. Mit spürbarer Lust an der Verblüffung des geneigten Publikums präsentiert Foucault dieses Denken und seine praktische Seite, die Magie, um sie vom Denken der klassischen Zeit des 17. und 18. Jahrhunderts abzugrenzen, das selbst zu Beginn des 19. Jahrhunderts von einer neuen Art des Wissens, den Humanwissenschaften abgelöst wird.

Wir können uns hier nicht mit den Grundlagen und Verzweigungen der Konstruktion als ganzer beschäftigen, insbesondere nicht mit dem zentralen Begriff der Repräsentation, der den verschiedenen Theorien der „klassischen" Zeit (über Sprache, Geld und Lebewesen) zugrunde liegen soll. Er ist nicht so klar wie es wünschenswert wäre, und mit einigen „vielleicht" und „wahrscheinlich" behaftet. Am wichtigsten ist seine Abgrenzung zur Ähnlichkeit des 16. Jahrhunderts, welche auch eine Ähnlichkeit von Wörtern und Dingen einschloss. Im 17. Jahrhundert tritt, so Foucault, an die Stelle der ternären Beziehung eines Zeichensystems, das, als Sprache und Schrift, selbst zur Welt der ähnlichen Dinge gehört, nunmehr die binäre Repräsentation, in der das Bezeichnende (auch das Wort) in seiner Gestalt keine notwendige Verbindung zum Bezeichneten mehr hat, es aber auch soweit isoliert, dass es sich im Repräsentiertsein erschöpft. Ausgeschaltet werden die Konjunkturen, die Verbindungen, die das Ähnliche in seiner Angrenzung besessen hatte.[83] „Das Bezeichnete liegt ohne Rückstände oder Undurchsichtigkeit im Innern der Repräsentation des Zeichens."[84] Sein ist

82 Ernst Bloch: Philosophie der Renaissance, in: Zwischenwelten in der Philosophiegeschichte, Gesamtausgabe Bd. XII, Frankfurt am Main 1977, 173–303, 220; auch in: Leipziger Vorlesungen zur Geschichte der Philosophie, Bd. 2, Frankfurt am Main 1985, 123–245, 168.

83 Vgl. Michel Foucault: Die Ordnung der Dinge. Eine Archäologie der Humanwissenschaften, Frankfurt am Main 1974, 74 und 47.

84 Ebda., 99.

Repräsentiertwerden – es geht um eine „reine“, selbstbezügliche Repräsentation. Man müsste von einem subjektiven Idealismus sprechen, der für die Philosophie und Wissenschaft des 17. und 18. Jahrhunderts kennzeichnend gewesen sein soll.

Vor allem sollten wir festhalten, dass Foucaults Epistemologie selbst zum Denken der Ähnlichkeit gehört, indem es nach den Entsprechungen in den gleichzeitigen Theorien verschiedenster Wissensgebiete sucht. Welches Schicksal ereilt das Ähnlichkeitsdenken in dem von Foucault konstruierten Zeitalter der Repräsentation? Nach einer ersten Setzung wird es aus dem Denken ausgeschlossen, die Ähnlichkeit fällt aus der Erkenntnis heraus, die Figuren der Ähnlichkeit werden vergessen.[85] Zugleich aber, zweite Setzung, bleibt Ähnlichkeit unverzichtbar; auch das klassische Denken „reflektiert Beziehungen der Ähnlichkeit oder der Äquivalenz zwischen den Dingen.“[86] Es kann also keine Rede davon sein, dass die Ähnlichkeit aus der Theoriegeschichte verschwindet, wie auch aus den nachfolgenden Kapiteln unserer Untersuchung ersichtlich wird.

Synthese jenes Widerspruchs (von Herausfallen/Ausschließen und Unverzichtbarkeit) ist die Formulierung, Ähnlichkeit werde zum untergründigen „Gemurmel“ (le murmure) – ein selbst mimetischer Ausdruck von einiger Schönheit und ein Lieblingswort Foucaults, der auch vom Murmeln der Natur, dem Gemurmel des Todes oder dem Gemurmel des Volkes spricht.[87] Allerdings bleibt die Ähnlichkeit in der „Klassik“, dem Zeitalter der Repräsentation, etwas mehr als Gemurmel: nicht zuletzt als Analogieschluss (worauf Foucault nicht eingeht), vor allem aber als Thema der biologischen Klassifikation in der „Naturgeschichte“. Ähnlichkeit werde, so Foucault, „an die Grenzen des Wissens zurückgedrängt“, in eine Analyse „aufgelöst“ – die Wortbedeutung von „analysiert“ –, welche „in Termini der Identität und des Unterschieds“ erstellt wird.[88] Aber mit Hilfe dieser Termini verschwindet die Ähnlichkeit nicht. Identität und Unterschied sind implizite Kategorien jeder Ähnlichkeitsfeststellung. Ähnlich ist das Unterschiedene, das in einem (warum auch immer) wichtigen Aspekt das Gleiche ist. Dabei versteht man unter Gleichheit die Identität von Dingen, die wenigstens räumlich und/oder zeitlich unterscheidbar, also verschieden sind. Es handelt sich um eine kategoriale Reflexion, die allerdings auch eine höhere Abstraktionsstufe der Ähnlichkeit ermöglicht. In Humes Theorie der Kausalität (die

85 Vgl. ebda., 164, 102, 85.

86 Ebda., 27, vgl. 102f.

87 Vgl. ebda., 91. 201, 341, 354.

88 Ebda., 107, 87.

ebenfalls eine kategoriale Reflexion ist) beruht die Verknüpfung eines Ereignisses als Ursache (z.B. das Schlagen der Saite eines Musikinstruments) mit einem anderen Ereignis als Wirkung (dem Erklingen eines Tons) allein auf der Regelmäßigkeit der Verknüpfung dieser Ereignisse zu einem.[89] Die einzelnen Ereignisse und ihre jeweiligen Verbindungen sind „vollkommen ähnlich",[90] sie unterscheiden sich nur noch durch die Zeitstelle. Die Pointe besteht darin, dass nicht die einzelnen Fälle (die sich in ihren Qualitäten, Beschaffenheiten, eben nicht unterscheiden, weil sie völlig ähnlich sind) die kausale Verknüpfung durch den Verstand hervorbringen, sondern einzig ihre Wiederholung, ihre Synthesis zu einer Regel.

In der Renaissancephilosophie unterscheidet Foucault vier Formen der Ähnlichkeit. Die erste ist *convenientia*, („Übereinstimmung, Symmetrie, Harmonie"), bei Foucault übersetzt als Nachbarschaft (lat. eigentlich: contiguitas) des Ortes, die mit einer Ähnlichkeit der Eigenschaften verbunden ist.[91] Diese Verbindung von Angrenzung und Ähnlichkeit wird noch in Benjamins sprachphilosophischem Aufsatz von 1916 und von Adorno dort in Anspruch genommen, wo er von der objektiven Kommunikation der Dinge spricht.[92] „In der weiten Syntax der Welt gleichen sich die verschiedenen Wesen einander an, die Pflanze kommuniziert mit dem Tier, die Erde mit dem Meer, der Mensch mit seiner ganzen Umgebung. Die Ähnlichkeit erlegt Nachbarschaften auf, die ihrerseits Ähnlichkeiten garantieren."[93] Die nachbarschaftlichen „Konjunktionen", Verbundenheiten, sind es, die, Foucault zufolge, in der binären Struktur des repräsentativen Zeichens verloren gehen werden. Sie bilden das Band der Dinge, das einer Kette der Wesen zu vergleichen ist. Arthur O. Lovejoy hat diesem, von Platons *Timaios* ausgehenden, die gesamte Denkgeschichte bis einschließlich der Biologie des 18. Jahrhunderts, durchziehenden Motiv eine kenntnisreiche und anregende Studie gewidmet.[94]

Eine zweite Form der Ähnlichkeit wäre die *aemulatio*, eigentlich der Wetteifer, die Nacheiferung, das Streben gleich zu werden. Sie ist nicht auf räumliche

89 Vgl. David Hume: Eine Untersuchung über den menschlichen Verstand, hg. von R. Richter, Hamburg 1973, 93.

90 Ders.: Ein Traktat über die menschliche Natur. Buch I. Über den Verstand, übs. von T. Lipps, hg. von R. Brandt, Hamburg 1989, 221.

91 Vgl. Foucault, a.a.O., 47.

92 Vgl. den 14. Abschnitt der vorliegenden Untersuchung.

93 Foucault, a.a.O., 47.

94 Arthur O. Lovejoy: Die große Kette der Wesen (engl. 1936), Frankfurt am Main 1985. Vgl. zum „Kontaktproblem" im Denken der Renaissance Thomas Leinkauf: Grundriss Philosophie des Humanismus und der Renaissance (1350–1600), Bd. 2, Hamburg 2017, 1531 ff.

Nachbarschaft oder Berührung angewiesen. So eifern die Augen dem Licht der Sonne und des Mondes nach, der Mund der Venus, die Nase dem Merkur.[95] *Aemulatio* wäre also die Grundlage der für die Medizin der Renaissance, insbesondere bei Paracelsus, wichtigen *Analogie* von Makro- und Mikrokosmos, und damit auch die Grundlage der Astrologie, die noch von Kepler, wenn auch mit einem hohen Grad an Skepsis, betrieben wird.[96] Die Analogie ist die Ähnlichkeit von Verhältnissen und die dritte Form der Ähnlichkeit, als vierte gilt das Zwillingspaar von *Sympathie* und *Antipathie*. Es handelt sich um die inneren Kräfte der Dinge, die in dieselbe Richtung wirken oder aber in die entgegengesetzte. So macht der Duft von Trauerkleidern „trauernd und einem Sterbenden gleich".[97] Der Verzehr der Walnuss, zerstoßen und mit Weingeist versetzt, wirkt sich günstig auf die Wirkungsweise des Gehirns aus, dem ihre Frucht ähnelt, und heilt Kopfschmerzen.[98] Das Grundprinzip, das hier zur Anwendung kommt – die Verbindung von Ähnlichkeit und Kausalität – konstituiert die Magie.

Karen Gloy hat, vermutlich auch unter der Wirkung von Michel Foucaults Studie, den Gegensatz des Systems der Ähnlichkeiten zum „Klassifikationsdenken" hervorgehoben und das „Analogiedenken der Renaissance" als „einen eigenen Rationalitätstypus" präsentiert. Aber genau diese Vorstellung einer Alternative macht deutlich, dass die Vernunft eine ist, auch wenn sie Gegensätze einschließt. Das Analogiedenken wird, um eine Alternative sein zu können, von Gloy präsentiert als formal, schematisch und universell anwendbar.[99] Tatsächlich ist es nicht weniger klassifizierend als das „klassifikatorische Modell", dessen Alternative es sein soll, wie aus den von Gloy beigebrachten Auszügen aus der *Philosophia occulta* des Agrippa von Nettesheim (1486–1535) deutlich hervorgeht. Die Dinge werden von Agrippa nach ihrer Beziehung zu den Himmelskörpern unseres Sonnensystems geordnet:

95 Vgl. Foucault, a.a.O., 48 f. Nach Galilei eifert die Venus dem Monde nach, wie wir im 7. Abschnitt sehen werden.

96 Vgl. Johannes Kepler: Weltharmonik, übs. und eingeleitet von Max Caspar, München 1997, 268–276 (IV. Buch, 7. Kap.) Zum Thema Kepler und die Astrologie vgl. auch T. Posch: Johannes Kepler, Darmstadt 2017, 122 f. und 192 f. – Zum kreisförmigen Fundierungsverhältnis der Ähnlichkeitsarten vgl. Foucault, a.a.O., 60.

97 Ebda., 53. Das Zitat stammt aus einem 1680 (!!) auf deutsch erschienenem Buch des Giambattista della Porta (1535–1615).

98 Vgl. ebda., 56 und 58.

99 Vgl. Karen Gloy: Das Analogiedenken der Renaissance. Seine Herkunft und seine Strukturen, in: Gloy/Bachmann (Hg.), Das Analogiedenken. Vorstöße in ein neues Gebiet der Rationalitätstheorie, Freiburg 2000, 215–255, 216.

„Unter den Elementen sind solarisch das Feuer und die lichte Flamme; unter den Säften das reine Blut und der Lebensgeist; unter den Geschmäcken der scharfe mit Süßigkeit vermischte; unter den Metallen wegen seines Glanzes das Gold, dem die Sonne eine herzstärkende Eigenschaft verleiht; unter den Steinen solche, welche durch goldene Punkte die Sonnenstrahlen nachahmen (...) Dem Monde zugehörig (lunarisch) sind unter den Elementen die Erde, sodann das Wasser, sowohl das Meer- als das Flußwasser, und alles Feuchte, die Säfte der Bäume und Tiere, hauptsächlich die weißen, als Eiweiß, Fett, Schweiß, Schleim und andere Flüssigkeiten der Körper. Von den Geschmäcken gehören dem Monde an der salzige und unschmackhafte. Unter den Metallen ist lunarisch das Silber, unter den Steinen der Kristall"[100] usw.

Zunächst ist einfach festzustellen, dass die traditionelle Gliederung nach Gattungen und Arten nicht aufgehoben wird, sondern eine querlaufende (transversale) Ergänzung durch die Ähnlichkeitsbeziehungen erfährt, die der Natur zugesprochen werden.[101] Auch die Ähnlichkeit wird einem Klassifikationsprinzip unterworfen, nämlich durch die Beziehung auf die Himmelskörper unseres Planetensystems. So gibt es nicht nur solarische und lunarische Dinge und Wesen, sondern auch martialische und venerische[102] bzw. solche, die Merkur, Jupiter oder Saturn zugeordnet sind. (Die äußeren Planeten Uranus, Neptun und der Kleinplanet Pluto sind noch unbekannt.) Diese Zuordnungen machen deutlich, dass ein solches Denken methodisch keine Alternative zur wissenschaftlichen Erkenntnis der Neuzeit ist, mithin keine andere Rationalität darstellt, sondern die Elemente wissenschaftlichen Denkens wie Abstraktion und Klassifikation selbst enthält. Der Unterschied scheint vor allem darin zu liegen, dass Agrippa von „lebensweltlichen" oder auf Sinnesqualitäten beruhenden Erfahrungen ausgeht, während die moderne Wissenschaft auf Experiment und Messung beruht, weil sie Funktionen von messbaren Größen herstellen will. Wie wir mit einem Blick auf Einstein und Kepler sehen werden, bleibt auch die Wissenschaft im modernen Sinn von sublimierter Mimesis durchwoben. Umgekehrt machen das

100 Ebda. 239 f. Das Zitat stammt aus Agrippa von Nettesheim: Die magischen Werke, hg. von K. Bensch, Wiesbaden 1977 59 f. bzw. 62 f. Zu Agrippa wie zu anderen Autoren vgl. Hanna-Barbara Gerl: Einführung in die Philosophie der Renaissance, Darmstadt 1989.

101 Vgl. Patrick Frei: Die Begriffslehre der chinesischen und geheimwissenschaftlichen Entsprechungslogik, in: Gloy/ Manuel Bachmann: Das Analogiedenken, Freiburg/München 2000, 324–345.

102 Vgl. die weiteren Nettesheim-Zitate bei Gloy: Versuch einer Logik des Analogiedenkens, in: Gloy/Bachmann (Hg.), a.a.O., 298–323, 312 f.

Klassifikatorische eines Ähnlichkeitsdenkens, wie es bei Agrippa geübt wird, sowie sein Universalitätsanspruch deutlich, warum das Analogiedenken der Renaissance überhaupt in einen Konkurrenzkampf mit der modernen Wissenschaft geraten konnte, und warum es ihn verlieren musste. Die Phänomene und mit ihnen die qualitative Sinnlichkeit, Ähnlichkeit, Verschiedenheit und mimetischen Sinn kann man erkennend nicht retten, wenn sie der Begriffsidentität bloß entgegengesetzt werden.

Die Untauglichkeit des weltanschaulichen Ähnlichkeitsdenkens zur Alternative wird besonders deutlich an seiner praktischen Dimension, der Magie. Magie, einschließlich der Wortmagie in Zaubersprüchen, lässt sich bezeichnen als Versuch, die Natur durch Erzeugung und Ausnutzung von Ähnlichkeit zu beeinflussen, d.h. als Bestreben, durch mimetisches Verhalten in der Natur die gewünschten Wirkungen hervorzubringen. Grundlage ist die Verbindung von äußerer Ähnlichkeit und innerer Kraft, also der in der Sympathie, dem Zusammenwirken und -leiden bestehende Zusammenhang des Kosmos. Wie die Natur dem menschlichen Erkennen, das die Zeichen zu deuten versteht, offenliegt, so ist sie auch seiner praktischen, eben magischen Einflussnahme zugänglich. Paracelsus, der eigentlich paradigmatische Naturphilosoph und Arzt des 16. Jahrhunderts, verweist auf die Aufforderung der Bibel, sich zum Herren der Natur zu machen. „Dan alles was got erschaffen hat dem menschen zu gutem und als sein eigentumb in seine hent geben, wil er nit das es verborgen bleib. und ob ers gleich verborgen, so hat ers doch nicht unbezeichnet gelassen mit auswendigen sichtlichen zeichen“.[103] Die Zeichen zu deuten, die Ähnlichkeiten zu erkennen, gibt Macht. Paracelsus, Agrippa, Campanella und andere schreiben Bücher unter dem Titel *Magia*, der zu jener Zeit vergleichsweise genauso häufig gewesen zu sein scheint wie bis in die jüngste Vergangenheit hinein Titel mit dem Wort *kritisch* oder *Kritik*. Nach Ernst Cassirer „gelingt es der Naturphilosophie der Renaissance (nirgends), die Magie von ihrem Pfad zu entfernen.“[104] Sie spielt, was die praktische Ambition der Naturbeherrschung betrifft, in derselben Liga der Maßlosigkeit und des Größenwahns wie spätestens seit Hiroshima die neuzeitliche Naturwissenschaft, nur dass sie sich praktisch nicht bewähren konnte.[105] Fausts Demütigung vor dem Erdgeist scheint im Kernreaktor und im

103 Paracelsus: Die 9 Bücher der Natura rerum, zit. nach Foucault a.a.O., 57.

104 Ernst Cassirer, Individuum und Kosmos in der Philosophie der Renaissance (1927), Darmstadt 1987, 156.

105 Dass die Anwendung der neuzeitlichen Naturwissenschaft maßlos werden kann, ist schon in Bacons *Nova Atlantis* absehbar. Hier wird die Labor-Schöpfung (nicht Züchtung) neuer Arten von Pflanzen und Tieren ins Auge gefasst.

DNA-Labor überwunden. Während sich die Versuche, Gold durch Umwandlung minderwertiger Stoffe zu erzeugen, bis ins achtzehnte Jahrhundert fortsetzten, wurden schon im sechzehnten von Leonardo und Galilei die Wege beschritten, die zur mathematisch-experimentellen Naturwissenschaft führten. Foucaults Epochenschnitte sind auch von dieser Seite her zu grob und willkürlich.[106]

106 Die Äußerlichkeit von Foucaults Konstruktionen wird auch an dem ausufernden Gebrauch der metonymischen Rede vom Jahrhundert deutlich: das 16., 17. und 18., das 19. Jahrhundert. Eine grobe Chronologie ersetzt die historische Analyse. Das hindert den Autor nicht an instruktiven Einsichten und an der verdienstvollen Ausbreitung reichen Materials.

6 Exkurs zum Drachenblut

Athanasius Kircher war einer der führenden und produktivsten Intellektuellen des 17. Jahrhunderts. Er war Jesuit, lebte meist in Rom und ist eine der Hauptfiguren in Daniel Kehlmanns Roman *Tyll*, dessen Geschichte im Deutschland des dreißigjährigen Krieges spielt. Kehlmanns Kircher glaubt an die Existenz von Drachen und will sie mit rationalen Mitteln erforschen. Ob und wie weit die Figur des Romans mit der historischen übereinstimmt, kann für uns offen bleiben.[107] Die epische Figur ist jedenfalls gut geeignet, einige Züge der Renaissancephilosophie, die unsere Aufmerksamkeit erregten, zu verdeutlichen.

Ihr Prinzip lautet: Ähnlichkeitsbeziehungen verweisen auf Kausalitätsverhältnisse, denn nur Gleichartiges kann auf Gleichartiges wirken. Die Medizin muss die Ähnlichkeitsbeziehungen kennen, um sich die Kräfte, die sie bezeichnen, zunutze machen zu können. Sehr heilsam, so Kirchers Mentor Tesimond, sei Drachenblut, aber Drachen sind unvorstellbar scheu und sehr geschickt in der Tarnung; man hat z.B. in England, wo es noch zwei Drachen gibt, seit Jahrhunderten keinen mehr gesehen. Immerhin kann man das Blut, wiederum aufgrund von Ähnlichkeiten, durch schwächere Mittel bis zu einem gewissen Grade ersetzen:

> „Regenwurm und Engerling", sagt Doktor Kircher, „sehen dem Drachen ähnlich. Zu feiner Substanz zerstoßen, kann ihr Körper Erstaunliches bewirken. Drachenblut vermag den Menschen unverwundbar zu machen, aber ersatzweise kann zerriebener Zinnober ob seiner Ähnlichkeit immerhin Hautkrankheiten kurieren. Zinnober ist ebenfalls schwer zu bekommen, doch Zinnober wiederum ersetzt man durch alle Kräuter mit drachenhaft geschuppter Oberfläche. Heilkunst ist Substitution nach dem Prinzip der Ähnlichkeit – Krokus kuriert Augenkrankheiten, weil er aussieht wie ein Auge."[108]

Hier werden Ähnlichkeits- und Kausalitätsbeziehung geradewegs identifiziert. Der Müller Claus, der sich der Magie ergeben hat und über die

107 Vgl. die Dissertation von Thomas Leinkauf: Mundus combinatus. Studien zur Struktur der barocken Universalwissenschaft am Beispiel Athanasius Kirchers SJ (1602–1680), Berlin 2009 (2.A.).

108 Daniel Kehlmann: Tyll, Reinbek 2019, 100 f.

Naturzusammenhänge grübelt, widerspricht – nicht dem Prinzip von Wirkung qua Ähnlichkeit, sondern der Heilkraft einer bestimmten Substanz: „zerstoßener Engerling kann nicht heilen, sondern macht Rückenschmerzen und kalte Gelenke.“[109] Die Kräfte, die von der Ähnlichkeit angezeigt werden, wären also nicht sympathetischer, sondern feindlicher Natur. Aber wie lässt sich das beweisen? Es gibt kein geregeltes Verfahren, nach dem sich eine Tatsachenbehauptung für jedermann unter geeigneten Bedingungen überprüfen lässt.

Das gilt natürlich auch für die Hauptfrage: Gibt es Drachen überhaupt? Die Argumentation dreht sich im Kreis. Die Substitute Zinnober und Engerling wirken heilsam kraft der Ähnlichkeit mit Drachen oder Drachenblut und weil sie wirken (das „Was“ ist zumindest beim Engerling umstritten) muss es die Drachen geben: „Woher soll denn ein mickriges Tier wie der Engerling Heilkraft haben, wenn nicht durch seine Ähnlichkeit mit dem Drachen! Warum kann der Zinnober heilen, wenn nicht deshalb, weil er dunkelrot ist wie Drachenblut!“[110]

Jahre später ist Doktor Kircher in Norddeutschland auf der Suche nach einem vermutlich 17 000 Jahre alten Drachen, dessen Anwesenheit durch eingedrehte Fliegenwölkchen angezeigt wird, woraus sich wiederum ergibt, dass es sich um einen Tatzelwurm handeln muss. Wie kann der Drache denn Wolken verursachen? Kircher antwortet: „Nicht Verursachung, Analogie! Wie oben, so unten. Die Wolke ähnelt einer Fliege, darum der Name Fliegenwölkchen, der Tatzelwurm ähnelt einem Regenwurm, darum der Name Tatzelwurm. Wurm und Fliege sind Insekten! Seht Ihr?“[111] Kircher möchte den Drachen aufspüren, durch den Zauber einer von ihm selbst komponierten Melodie binden und ihm Blut abzapfen, das sich bei Kaiser, Papst und anderen Großen zur Bekämpfung der Pest einsetzen lässt.

Bei alledem ist Kircher ein durchaus rationaler Mensch. Die Vorstellung des jungen Tyll, dass auf den Wolken Engel reiten, kann er widerlegen: „Wolken sind aus Wasser (…) niemand sitzt auf ihnen. Die Engel haben Körper aus Licht und brauchen kein Gefährt.[112]“ Metereologische Kenntnisse führen zu verlässlichen Voraussagen. Zwar scheint noch die Sonne, aber am östlichen Horizont gibt es Wolken, die der kalte Wind herüberbläst. Kälte macht das Wasser schwerer und es fällt zur Erde: Es wird regnen. Auch die neue Art, Gewissheit zu finden, das Experiment, macht sich Kircher zunutze. „Man zündet etwa eine Kugel aus

109 Ebda. 106.

110 Ebda., 101.

111 Ebda., 359 f.

112 Ebda., 92.

Schwefel, Bitumen und Kohle an, und sofort spürt man, dass der Anblick des Feuers Zorn auslöst. Ganz benommen wird man vor Ärger, wenn man sich im selben Raum aufhält. Das liegt daran, dass die Kugel Eigenschaften des roten Planeten Mars abspiegelt."[113] Sogar die (zu gleicher Zeit entwickelte) mechanistische Philosophie des Descartes, wird assimiliert. „Tiere sind fein gefügte Maschinen, die aus noch feiner gefügten Maschinen bestehen. Ob ich einer Wassersäule einen Ton entlocke oder einem Kätzchen, wo wäre der Unterschied? Sie wollen doch nicht behaupten, dass Tiere unsterbliche Seelen haben".[114] In seiner Arbeitsorganisation verfährt der Gelehrte ebenfalls rational, nämlich ökonomisch. Den Bericht über die Auffindung und Anzapfung des norddeutschen Drachens hatte er schon im Voraus, in Rom, geschrieben. Dass aus der Sache dann doch nichts wurde, ist eine andere Geschichte.[115]

113 Ebda., 350 f.

114 Ebda., 357.

115 Vgl. ebda., 360. Übrigens besitzt Kehlmanns Kircher prophetische Kräfte. Er schlägt dem Planeten Neptun wässrige Eigenschaften zu (351), aber dieser Planet war im 17. Jahrhundert noch unbekannt. Er wurde erst 1846 entdeckt. Wir erinnern uns: Die wässrigen Eigenschaften waren bei Agrippa von Nettesheim dem Mond zugeordnet.

7 Unbewusste Ähnlichkeit: Freud

Es gibt im 20. Jahrhundert wohl keinen epistemischen Bereich, in dem das Produzieren und Erkennen von Ähnlichkeiten eine größere Rolle zu spielen scheint als in der Psychoanalyse. Das freudsche Werk liefert die hauptsächliche Quelle. Träume und Symptome, auch Fehlleistungen und Witze können dem Ausdruck von verdrängten Vorstellungen, Erlebnissen oder Wünschen dienen, weil und sofern sie ihnen ähnlich sind. Es ist Aufgabe der analytischen Deutung, die im manifesten Träumen, Sprechen oder Handeln vorhandenen Äußerungen, die prima facie unsinnig oder unverständlich sind, auf das eigentlich Gemeinte, das sich nicht blicken lassen darf, dem es aber ähnlich ist, zurückzuführen[116].

Ähnlichkeit ist aber nur ein Aspekt der psychoanalytischen Theorie und Methode, der häufig selbst dann nicht thematisiert wird, wenn er offenkundig eine Rolle spielt. Obwohl Freud in *Totem und Tabu* im Gefolge Frazers die Ähnlichkeit als eines der zwei wesentlichen Prinzipien der Ideenassoziation benannt hat[117] – neben der Kontiguität, dem Realzusammenhang der Berührung oder räumlichen Nachbarschaft – spielt sie in den behandlungstechnischen Schriften explizit keine Rolle, auch da nicht, wo von freier Assoziation die Rede ist. Die therapeutische Assoziation verläuft nicht notwendig an einer Kette von Ähnlichkeiten, sondern folgt – wie z.B. aus den *Studien zur Hysterie* hervorgeht – den biographischen Ereignis- oder Erlebniszusammenhängen. Der entscheidende Faktor bei den therapeutisch relevanten Vorstellungen ist nicht die Ähnlichkeit, sondern ihre affektive Besetzung und der Widerstand, den der Patient der Erinnerung entgegensetzt. Wenn es richtig ist, wie Frazer behauptet, dass die Grundlage der sympathetischen Magie die Ideenassoziation ist,[118] so kann man doch nicht umgekehrt behaupten, dass jede Ideenassoziation zu Ähnlichkeiten führt.

Auch bei der therapeutischen Gefühlsübertragung[119] könnten Ähnlichkeiten zwischen der Analytikerin und den Vorbildpersonen des Patienten (zumeist

116 Der Begriff einer unbewussten Ähnlichkeit wird übrigens auch von Walter Benjamin anerkannt. Vgl. Lehre vom Ähnlichen, BGS II, 205.

117 Freud: Totem und Tabu, StA IX, 371; vgl. Frazer, a.a.O., 15 ff.

118 Vgl. Frazer, a.a.O., 54; zum Begriff der „sympathetischen" (auf Mitleiden beruhenden) Magie vgl. ebda., 17.

119 Vgl. Freud: Zur Dynamik der Übertragung, in: StA Ergänzungsband. Schriften zur Behandlungstechnik, Frankfurt am Main, 157–168, 159 f.

Vater, Mutter oder Geschwister) mitwirken. Aber Freud stellt die Sache eher so dar, als sei der Analytiker eine neutrale Projektionsfläche, auf die der Patient seine ererbten oder erworbenen Gefühlsmuster anwendet. Ihm zufolge stellt sich die Übertragung her, „wenn irgend etwas aus dem Komplexstoff (dem Inhalt des [erg.: pathogenen/HES] Komplexes) sich dazu eignet, auf die Person des Arztes übertragen zu werden",[120] aber er gibt nicht konkreter an, worin diese Eignung besteht.

Um der Rolle der Ähnlichkeit näher zu treten, sehen wir uns auf die Beziehung von Symptom und pathogener Szene und ihrem Konflikt, sowie auf die Traumtheorie, hier besonders die Mechanismen der Traumarbeit verwiesen: Verdichtung, Verschiebung, Symbolisierung bzw. Verbildlichung und Verwandlung in den Gegensatz. Auf ein weiteres Charakteristikum des Traums, die Aufhebung der Zeitfolge, brauchen wir hier nicht weiter einzugehen. Es ergibt sich wie die Aufhebung des Widerspruchsprinzip aus der Herabsetzung der Ichfunktionen. Dasselbe gilt für die Halluzination von Triebwunscherfüllungen, die ebenfalls zu den Möglichkeiten des Traums zählt. Auch das Symptom ist Wunscherfüllung wie der Traum, aber es ist unwahrscheinlich, dass sich daraus spezielle Konsequenzen für die Ähnlichkeitsproblematik ergeben. Man kann nur im Allgemeinen sagen, dass manifester Trauminhalt und Symptom Ähnlichkeiten mit der Szenerie des ursprünglichen Triebwunsches haben müssen, wenn sie als Kompromissbildung zwischen Verbot und Befriedigung fungieren sollen.

Das „Wesentliche" der Traumarbeit ist nach Freud die „Umsetzung von Gedanken in visuelle Bilder".[121] Bei abstrakten Gedanken wie dem „sich Einschränken" oder dem Tod nimmt die Visualisierung die Form einer Rückübersetzung der wortbildenden Metaphorik an (ein Schrank für das sich-Einschränken) oder trägt allegorische Züge wie die Darstellung des Todes durch einen Fremden.[122] Als Symbole bezeichnet Freud Traumelemente, die in einer konstanten oder gesetzmäßigen, d.h. bei allen Menschen gültigen Beziehung zu den unbewussten Traumelementen stehen.[123] Die Grenze zur Verbildlichung und zur Anspielung (bei der Verschiebung, s.u.) sei nicht scharf gezogen.[124] Traumsymbole sind mehrheitlich Sexualsymbole (z.B. längliche Gegenstände für das männliche, Kästchen, Zimmer, Schachteln für das weibliche Genital); sie betreffen aber auch Geburt (aus dem Wasser ziehen) und Tod (abreisen) sowie

120 Ebda., 163.

121 Freud: Vorlesungen zur Einführung in die Psychoanalyse, StA I, Frankfurt am Main 1969, 182.

122 Vgl. ebda. 202.

123 Vgl. ebda. 160.

124 Vgl. ebda. 162.

Personen wie Eltern (Respektspersonen wie König und Kaiserin) oder Geschwister (kleine Tiere, Ungeziefer). Quellen der symbolischen Deutung sind nicht primär die Assoziationen der Träumenden, sondern Märchen und Mythen, Schwänke und Witze, Folklore, Sitten und Gebräuche, poetischer und alltäglicher Sprachgebrauch.[125]

Trotz dieser populären Quellen der Deutung hält Freud die Frage nach der Kenntnis der Symbolfunktion der genannten Tätigkeiten und Gegenstände für ungeklärt. „Die vielfältigen Parallelen aus anderen Gebieten sind dem Träumer zumeist unbekannt".[126] Dass sie aus der eigenen Erfahrung (von kleinen Tieren, Gefäßen und länglichen Gegenständen) und einer beiläufig (vorbewusst) hergestellten Beziehung zu dem im Traum symbolisierten Sachverhalten stammen könnten, wird von Freud nicht erwogen. Er sieht sich vielmehr zu der Hypothese genötigt, dass sie die „Kenntnis" der Symbole einer archaischen Erbschaft oder einem „phylogenetischen Erbe" verdankt.[127] Die Symbolbeziehung muss demnach in einer frühen Phase der Entwicklung der Menschheit regelmäßig und bewusst hergestellt worden sein, wurde dann vergessen, war aber schon in das (von Freud angenommene) mentale Erbgut eingewandert und liegt dort zur traumhaften Aktualisierung in jedem Menschen bereit. Ein Problem dieser Hypothese, das freilich die Theorie unbewusster Symbolik überhaupt betrifft, besteht darin, dass, wie Freud selbst feststellt, „das Wesen der Symbolbeziehung (…) ein Vergleich (ist)".[128] Vergleiche aber erfordern Reflexion, ein bewusstes Herantragen von Maßstäben oder Gesichtspunkten, nach denen Ähnlichkeiten festgestellt werden können. Symbole beruhen auf der (ggf. unsinnlichen) Ähnlichkeit von Signifikant und Signifikat, die festgestellt werden muss. Wer nicht weiß, dass die beiden Anfangsbuchstaben des griechischen Wortes für Fisch (ἰχθύς/ichthys) dieselben sind wie die von Iesus Christus – unser „J" gibt es im Griechischen nicht – für den ist ein Fisch nur ein Fisch und nicht auch das Symbol für jenen Mann oder seine Anhänger. „Unbewusste Vergleichungen zwischen Objekten", von denen derjenige, der sie anstellt, nichts weiß,[129] sind in der Tat in hohem Maße rätselhaft. Die wohlwollende Skepsis, die sich Freud als

125 Vgl. ebda., 168.

126 Vgl. ebda., 174.

127 Ebda. 204. Im späteren Werk wird das Vorhandensein „ubiquitärer Symbole" zum Argument für die Konstruktion der archaischen Erbschaft psychischer Inhalte. (Vgl. Freud: Der Mann Moses und die monotheistische Religion, StA IX, a.a.O., 445–581, 546) Vgl. meine Auseinandersetzung mit dem Theorem der archaischen Erbschaft in: Freud-Kritik von links. Bloch, Fromm, Adorno, Horkheimer, Marcuse, Springe 2017, 284 ff.

128 Freud: Vorlesungen, StA I, 161.

129 Ebda., 174.

angemessene Haltung zur Psychoanalyse wünscht,[130] ist gerade im Falle dieser Hypothese gefordert.

Riskieren wir nun einen Blick auf das weite Feld der psychopathologischen Symptome. Es geht um Handlungen (z.B. Zwangshandlungen), Affekte und Vorstellungen (z.B. neurotische Angst und Eifersuchtswahn) sowie körperliche Dysfunktionen, für die es keine physiologische Erklärung gibt (z.B. Lähmungen bei hysterischen Patienten). Zwischen dem Symptom und dem zugrundeliegenden unbewussten Sachverhalt kann eine Ähnlichkeitsbeziehung bestehen, wie uns einige Beispiele aus Freuds Veröffentlichungen zeigen.

Das einfachste Beispiel ist das einer 53-jährigen Frau, die einen Eifersuchtswahn gegen ihren treuen Ehemann entwickelt.[131] Das Symptom, die gegen Widerlegungen immune Vorstellung der Untreue, erklärt sich nach Freud aus der uneingestandenen, „unbewussten" Verliebtheit der Frau in ihren Schwiegersohn. Der Konflikt zwischen Affekt (Wunsch) und Selbstverurteilung (Zensur) führt zur Verschiebung der Vorstellung der Untreue auf den Gatten, zu einer Projektion, die dem eigenen Konflikt unbewusste Entlastung bringt: Auch ihr Mann macht sich des Verbotenen (eines außerehelichen Begehrens) schuldig. Die Projektion stellt eine „Spiegelung" des Eigenen im Anderen dar, sie erzeugt eine Ähnlichkeit oder eine „Analogie"[132] zwischen Symptom (wahnhafte Eifersucht) und unbewusstem Tatbestand (verbotene Verliebtheit in den Schwiegersohn), die durch die Gemeinsamkeit der Untreue gestiftet wird.

Die beiden anderen Symptom-Beispiele aus Freuds Vorlesungen betreffen Zwangshandlungen und sind komplexer, aber die Rolle der Mimesis, der Erzeugung von Ähnlichkeit, ist auch hier unschwer zu ermitteln. Die Deutung des Symptoms besteht in seiner Beziehung auf ein Erlebnis, das die Zwangshandlung zum Zwecke der Ersatzbefriedigung verschlüsselt reinszeniert bzw. auf Elemente oder Vorstellungen dieser ursprünglichen Situation, die in der Zwangshandlung in gleicher Andersheit reproduziert werden (z.B. die am Fußende aufgeschüttelte Daunendecke und eine Schwangerschaft). Hier sei nur das Moment der Verschiebung aufgegriffen, weil es auch in der Traumarbeit eine wichtige Rolle spielt. Verschoben wird die Besetzungsenergie des Triebs, der Affekt, und zwar von einem in der Vorstellung repräsentierten Objekt zu einem anderen. Zwischen diesen Objekten scheint, wie bei der therapeutischen Übertragung, eine Ähnlichkeitsbeziehung bestehen zu müssen.

130 Vgl. ebda., 246.
131 Vgl. ebda., 250 ff.
132 Vgl. ebda., 254.

Wenden wir uns nun einem zentralen Mechanismus der Bildung von Träumen, Symptomen und Fehlleistungen zu, der Verdichtung.[133] Gemeint ist, dass der manifeste Trauminhalt umfangs- und inhaltsärmer ist als die zugrundeliegenden Traumgedanken. „Die Verdichtung kommt dadurch zustande, daß 1. gewisse latente Elemente überhaupt ausgelassen werden, 2. daß von manchen Komplexen des latenten Traumes nur ein Brocken in den manifesten übergeht, 3. daß latente Elemente, die etwas Gemeinsames haben, für den manifesten Traum zusammengelegt, zu einer Einheit verschmolzen werden."[134] So können Personen, Gegenstände oder Örtlichkeiten zu einer bzw. einem einzigen gemischt werden, weil sie „etwas, was der latente Traum betont, miteinander gemein haben."[135] Diese Gemeinsamkeit konstituiert die Ähnlichkeit des Verschiedenen. „Ähnlichkeit, Übereinstimmung, Gemeinsamkeit wird vom Traum ganz allgemein dargestellt durch Zusammenziehung zu einer *Einheit*".[136]

Die Zusammenziehung auf einen Aspekt der Ähnlichkeit erinnert an die rhetorische Stilfigur der *Metonymie*, speziell die Synekdoche und hier wiederum die Figur des *pars pro toto* (ein Teil steht für das Ganze). Freud selbst erwähnt die Beziehung des Teils zum Ganzen als eine mögliche Form der Beziehung zwischen manifestem und latentem Trauminhalt.[137] Alle Metonymien benutzen einen Aspekt eines realen Zusammenhangs, um mit ihm das Ganze zu bezeichnen. Wir können z.B. eine Ortsangabe für das Ganze nehmen und statt: Die Regierung der Vereinigten Staaten kündigt den Vertrag, sagen: Washington kündigt, weil es sich bei dieser Stadt um den Sitz der Regierung der USA handelt. Oder wir nehmen einen Markennamen „Tempo" für die Produktsorte Papiertaschentücher im Allgemeinen. Beispiel für eine Synekdoche als Unterart der Metonymie liefert der Satz: Pompeius stach mit hundert Segeln in See. Der Teil, das Segel, steht für das Ganze, das Schiff. Eine solche Figur wird evoziert, wenn Freud schreibt, dass nur „ein Brocken" des latenten Traums in den manifesten übergeht.[138]

Der zweite Hauptmechanismus der Traumarbeit und der Symptombildung ist (wie im obigen Beispiel des Eifersuchtswahns bereits thematisiert) die

133 Sie spielt eine unverkennbare Rolle im dritten Fallbeispiel für neurotische Symptome (Schlafzeremoniell) in Freuds *Vorlesungen*. Vgl. ebda. 264 ff.

134 Ebda., 179.

135 Ebda.

136 Freud: Die Traumdeutung, StA II, Frankfurt am Main 1972, 318.

137 Vgl. ders.: Vorlesungen, StA I, 160.

138 Die Verbindung der Mechanismen der Traumbildung zu rhetorischen Figuren oder Figuren der Sprachbildung überhaupt ist schon von Roman Jacobson und Jacques Lacan hergestellt worden. Vgl. Verf.: Freud-Kritik von links, a.a.O., 166 ff.

Verschiebung. Sie besteht darin, „daß ein latentes Element nicht durch einen eigenen Bestandteil, sondern durch etwas Entfernteres, also durch eine Anspielung ersetzt wird", wobei „der psychische Akzent von einem wichtigen Element auf ein anderes, unwichtiges übergeht".[139] Dieser Akzent wird durch die Triebenergie oder den Affekt gesetzt. Die Ersetzung ist eine Verschiebung, weil der Affekt von einem ursprünglichen Gegenstand auf einen anderen übergeht, dessen relative Nichtigkeit den Affekt unverständlich macht.

Verschiebung eines Affekts von der Vorstellung des einen Gegenstands auf die des anderen ist aus dem wachen Leben gut bekannt, sei es, dass Aggression und Ärger von einer Person auf die andere übergehen, sei es, dass Trauer oder Liebe auf andere als die ursprünglich auslösenden Gegenstände verschoben werden. Die Verschiebung braucht nicht einmal unbewusst oder unwillkürlich sein.

Wenn zwischen der ersetzenden und der ersetzten Vorstellung vom Gegenstand kein realer Zusammenhang besteht, sondern nur einer der Ähnlichkeit, könnte von einer *Metapher* die Rede sein. Im Unterschied zur Metonymie ist bei der Metapher kein wirklicher Zusammenhang die Basis, sondern allein die Ähnlichkeit. Ersetzende Vorstellung und ersetzte stehen nicht im Verhältnis von Teil und Ganzem oder einem sonstigen Realzusammenhang wie bei der Metonymie. Wenn vom „Löwen von Sparta" die Rede ist, meint man Leonidas, der 480 v.u.Z. an den Thermopylen die spartanischen Truppen angeführt hat. Die Ersetzung des Namens – oder die Bildung eines Beinamens wie bei Herzog Heinrich von Sachsen und Bayern (1129–1195), der ebenfalls als Löwe bezeichnet wurde – durch ein Wort und eine Vorstellung aus einem anderen Seinsbereich erfolgt aufgrund einer Ähnlichkeit von beiden Objekten, in diesem Falle ihrer Stärke und Tapferkeit. Aber so wenig die Verdichtung eine Metonymie *ist*, so wenig *ist* die Verschiebung eine Metapher, jedenfalls soweit es sich um rhetorische Figuren handelt.

Eine lautmalende oder lautsymbolische Wortbildung können wir auch als „ursprüngliche Metapher" bezeichnen. Es finden Übertragungen des Naturlauts ins Medium des artikulierten Lauts bzw. einer nichtakustischen Wahrnehmung wie der Höhlung eines Grabes in Töne statt (z.B. die Vokale a und u in Grab und tomb). Diese mimetische Produktion ist unwillkürlich und wird nicht bewusst, als praktische Regel, angewandt. Mit den rhetorischen Figuren (Tropen, d.h. Wendungen) verhält es sich natürlich anders, sie werden bewusst vollzogen, auch wenn sie nicht alle Denkschritte explizit aussprechen. Verdichtung und

139 Vgl. Freud: Vorlesungen, StA I, 179.

Verschiebung sind hingegen unbewusste Vorgänge der Traumarbeit, die man ihrer Bewusstlosigkeit wegen als Mechanismen bezeichnen kann. „Arbeit" selbst ist in Bezug auf den Traum ein Ausdruck, der – jedenfalls wenn man Arbeit als menschliche zugrunde legt – ebenfalls uneigentlich oder selbst metaphorisch ist, weil bei der Produktion des manifesten Traums das bewusste (planende und Regeln anwendende) Moment fehlen muss. Werden hingegen Herzog Heinrich oder Leonidas von Sparta als der Löwe benannt, so bleibt der Grund dafür, die Stärke und Tapferkeit, die ihnen und einem Löwen gemeinsam sind, ungenannt, aber es bereitet keine Schwierigkeit, ihn anzugeben. Er muss bekannt und bewusst sein, sonst käme die Benennung als Löwe nicht zustande. Man kann also die Mechanismen der Traumarbeit oder der Symptombildung nicht mit den rhetorischen Figuren gleichsetzen, weil die einen unbewusst vollzogen werden, die anderen aber bewusst sind oder zumindest ohne Widerstände bewusstseinsfähig (vorbewusst). Immerhin besteht eine Ähnlichkeit zwischen Sprachfigur und Traumentstehung, die durch abstrakte Gesichtspunkte (wie Zusammenfassung des Vielen in einem Konkreten bzw. Übertragung von einem Objekt zum anderen) gestiftet wird. Diese Ähnlichkeit von Sprachfigur und Traummethode lässt es als unangemessen erscheinen, wenn Freud in seinem Entdeckerstolz behauptet, dass die unbewusste Traumarbeit etwas „ganz Neues und Fremdartiges" ist, „dessengleichen vorher nicht bekannt worden war." Wenn die Mechanismen der Traumarbeit mit Methoden der Wort- und Redebildung verwandt sind, lässt sich auch kaum behaupten, dass „die Vorgänge, die sich im unbewussten System abspielen (…) ganz andere sind, als wir sie von unserem bewussten Denken kennen".[140]

140 Freud: Neue Folge der Vorlesungen zur Einführung in die Psychoanalyse, StA I, 447–608, 460. Die Sprachähnlichkeit des Traums lässt zudem vermuten, dass höhere Tiere wohl träumen (Erlebtes im Schlaf wiederholen), aber weder symbolisieren noch verschieben und verdichten, eben weil sie keine Sprache im menschlichen Sinne kennen. Ein anderes Konstituens der Traumtheorie, die Existenz eines Über-Ich, ist Freud freilich bereit, auch höheren Tieren zuzusprechen, wenn es „eine längere Zeit kindlicher Abhängigkeit gegeben hat." (Abriß der Psychoanalyse, Gesammelte Werke, Bd. XVII, 65–121, 69)

8 Gegensinn der Urworte und ihre eigene Logik

Traummechanismen wie Verdichtung oder Verschiebung aufgrund von Ähnlichkeit stehen in enger Beziehung zu einer tagwachen sprachlichen Tätigkeit, die menschheitsgeschichtlich alt ist und jedenfalls hinter die Schwelle zurückreicht, die uns von vorgeschichtlichen, im Sinne von schrift- und staatenlosen Gesellschaften trennt. Das soll auch für eine andere Eigentümlichkeit des Traums gelten: die Darstellung durch den Gegensatz. Verkehrung ins Gegenteil ist (wie Verdrängung, Projektion etc.) ein Abwehrmechanismus, der zur Traumzensur verwandt werden kann. Ein Ding oder ein Affekt im Traum wird unter dem Einfluss der Abwehr sein Gegenteil bedeuten. Gibt es auch hier eine Analogie zum tagwachen Denken der „vorgeschichtlichen" Zeit (der Zeit ohne schriftliche Dokumente), die wir in der Sprache festmachen können? Wir wollen dieser Frage kurz nachgehen, auch wenn sie uns vom Thema Ähnlichkeit eher abführt. Immerhin erhalten wir die Gelegenheit, die These einer alternativen Logik zu diskutieren.

Nach Freud besteht zwischen der Unbekümmertheit, mit welcher der Traum Gegensätze in eins setzt und einer „Eigentümlichkeit der ältesten uns bekannten Sprachen"[141] eine auffallende Kongruenz. Die sprachliche Eigentümlichkeit soll in einem „Gegensinn der Urworte" bestehen: Dasselbe Wort, wie *altus* im Lateinischen, hat entgegengesetzte Bedeutungen: hoch und tief. Freuds Gewährsmann ist der Altphilologe, Journalist und Übersetzer Carl Abel (1837–1906), der in einer Broschüre von 1884 weitere Beispiele beigebracht hat. So könne das altägyptische *ken* sowohl stark wie schwach bedeuten, das lateinische *sacer* sowohl heilig als auch verflucht. Im Englischen sei das Wort *without* ein Beispiel, das zugleich zeigt, dass eine verbale Identität der Gegensätze nicht auf Adjektive beschränkt ist. Ursprünglich habe *with* sowohl mit als auch ohne bedeutet. Der archaische Charakter der Doppelworte bzw. die Gegensätzlichkeit in den Urworten wird angesichts der Übereinstimmung mit der Traumarbeit für Freud zur „Bestätigung unserer Auffassung vom regressiven, archaischen Charakter des Gedankenausdruckes im Traume".[142] Was sich im Traum offenbart ist

141 Freud: Über den Gegensinn der Urworte, StA IV, Frankfurt am Main 1970, 227–234, 230; Vgl. Vorlesungen, STA I, 185 f.

142 Ebda., 234.

dieselbe „primitive Denktätigkeit", die sich vermutlich auch in früheren Entwicklungsstadien der heute bekannten Sprachen niedergeschlagen hat.[143]

Leider sind die Beispiele, die Freuds weitreichende Thesen stützen sollen, nicht immer stark genug. Zum Bespiel des *without* meint Freud, es bedeute „mitohne". „*With* selbst, das heute unserem »mit« entspricht, hat ursprünglich sowohl »mit« als auch »ohne« geheißen".[144] Freud hat Recht, wenn er das englische *with* mit dem deutschen *wider* zusammenbringt, aber die Versicherung, es habe ursprünglich zugleich *mit* bedeutet, ist einfach falsch und wird auch nicht im Ansatz begründet. *With* und *wider* bedeuten vom Proto-Germanischen her den Gegensatz und über die indoeuropäische Wurzel die Trennung oder das Getrenntsein, wie es heute noch im englischen *widow* und in der deutschen *Witwe* mitschwingt. Im Wort *without* wird nicht der Gegensatz von *mit* und *ohne* verschweißt, um später getrennt zu werden, sondern *without* bedeutet ursprünglich „against the outside" und ist der Gegensatz von *within* (gegenüber der Innenseite). Die Bedeutung eines Mangels erhält *without* erst ab dem 12. nachchristlichen Jahrhundert und es ist keinesfalls rätselhaft, warum das Draußenstehen diese Bedeutung annehmen kann. Parallel dazu (also mit dem Verblassen des *against* und *wider* des *with*) wird *with* zum Ersatz des altenglischen *mid*, das sich nur noch als Präfix wie in *midwife* (Hebamme) erhält – ganz so, wie die wider-Bedeutung von *with* nur noch als Präfix in Wörtern wie *withstand* (widerstehen) oder *withhold* (zurückhalten) überlebt. Wahrscheinlich hat die Tatsache, dass in bestimmten Kontexten „mit" durch „gegen" ersetzt werden kann (Rom kämpft mit/gegen Karthago) den Bedeutungswandel erleichtert. Ergebnis: Weder ist *with* in der Bedeutung von *mit* ein Urwort noch verschweißt *without* gegensätzliche Bedeutungen.[145]

Das Wegbrechen eines Beispiels widerlegt natürlich nicht die anderen. Die lateinischen Beispiele sind unbestritten. Um weiter reichende Schlüsse zu

143 Freud: Die Traumdeutung, StA II, 539. Die Verwendung der Wörter „archaisch" oder „primitiv" ist hier relativ. Latein und Englisch sind späte Abkömmlinge des indoeuropäischen Sprachstamms, dessen Urform vor mehr als 6500 Jahren nördlich des Schwarzen Meeres und des Kaukasus entstanden sein dürfte (max. vor 9000 Jahren). (Vgl. Guy Deutscher: Du Jane, Ich Goethe. Eine Geschichte der Sprache, München, 68 f.; sowie Harald Haarmann: Auf den Spuren der Indoeuropäer, München 2016, 50) Älteste Zeugnisse des Altägyptischen, das wie die semitischen Sprachen zur afroasiatischen Sprachfamilie gehört, sind etwa 5000 Jahre alt; die Urform des Afroasiatischen, dürfte vor 11 bis 12000 Jahren in Nordafrika entstanden sein und wäre demnach etwas älter als die des Indoeuropäischen. Solche Zeitspannen sind in der sich über zwei Millionen Jahre erstreckenden Geschichte der Gattung Homo sehr kurz, wenn auch relativ verdichtet und ereignisreich. Spezifisch menschliche Sprache, d.h. situationsunabhängige Kommunikation mit artikulierten Lauten, hat es in einfacherer Form sicher schon lange zuvor gegeben. Zur offenen Diskussion der Frage nach dem Zeitraum der Sprachentstehung vgl. Guy Deutscher, a.a.O., 23 ff.

144 Ebda., 233.

145 Vgl.: www.etymonline.com

ziehen, müsste aber die Frage beantwortet werden, wie sich die Einheit des Gegensätzlichen in einem Wort erklären lässt bzw. ob es nicht auch andere Wörter gibt, die ohne weitere Zusätze die geforderte Eindeutigkeit besitzen und etwa nur tief (profundus) oder hoch (excelsus) bedeuten. Eine Erklärung für die gegensätzliche Doppelbedeutung könnte darin bestehen, dass die beiden Bedeutungen relativ gebraucht werden. „Stark" und „schwach" sind relativ, weil sie nur im Hinblick aufeinander festgestellt werden können, und derselbe (Woody Allen) einmal stark (im Vergleich zu einem Fünfjährigen) und einmal schwach (im Vergleich zu Mike Tyson) genannt werden muss. Entsprechendes ließe sich, wenngleich schon schwieriger, für hoch und tief denken: Was von der Höhe eines Berggipfels tief unten liegt, ist für den Wanderer am Fuße des Berges noch sehr hoch oben. Die gegensätzlich verwendbaren Wörter wie *altus* fungieren so als eine Art Vergleichung, während *profundus* und *excelsus* absolute Größen sind. Bei einer solchen Erklärung wäre aber die sprachgeschichtliche Dimension gar nicht nötig. Und es fragt sich, ob das Argument der Relativität bei einem Wort wie sacer überhaupt anwendbar ist.[146]

Für Karen Gloy ist das Relativitätsargument ausreichend: Die „Gegensinnigkeit gleichlautender Worte erklärt sich aus ihrer Relativität. (…) Die Auseinanderentwicklung der Korrelate ist erst das Resultat einer Sprachentwicklung, die auf Differenzierung, Eindeutigkeit und Genauigkeit Wert legt. In jeder der entwickelten Sprachen haben sich aber Reste der primitiveren Schicht der Ursprache erhalten."[147] Lässt sich der primitiveren Schicht eine eigene Logik zuschreiben, die als Alternative zu dem gelten kann, was wir im tagwachen Denken Logik nennen? Nach Goy gibt es eine „Logik des Traumes", die sich „grundlegend von der der Wirklichkeit und den in ihr gültigen Sätzen: dem Satz der Identität, des auszuschließenden Widerspruchs und des ausgeschlossenen Dritten unterscheidet."[148] Diese „Logik" sei „die ursprünglichere (…), von der unsere »normale« Logik lediglich ein künstliches, reglementiertes Ableitungsprodukt darstellt."[149]

146 Wenn die Unterscheidung von Wörtern mit gegensätzlicher (relativer) Bedeutung und solchen von absoluter Bedeutung richtig ist, liefe die sprachgeschichtliche Elimination der Doppelbedeutung sowohl auf Eindeutigkeit wie auf Vereinheitlichung hinaus. Man könnte mutmaßen, dass die Entwicklung der Schriftkultur ihren Anteil an diesen Prozessen hat, denn sie bedarf der Eindeutigkeit in höherem Maße als die gesprochene Sprache, bei der die Sprechsituation darüber entscheiden kann, welche von zwei möglichen Bedeutungen aktuell ist.

147 Gloy: Das Analogiedenken unter besonderer Berücksichtigung der Psychoanalyse Freuds, in: Gloy/Bachmann (Hg.): Das Analogiedenken, a.a.O., 256–297, 269.

148 Ebda., 291.

149 Ebda., 297. Gloy spricht an Ort und Stelle vom Witz, aber sie weiß natürlich, dass er die fraglichen Mechanismen mit Traum und Fehlleistung teilt.

Zuzugeben wäre, dass die üblicherweise so genannte Logik seit Aristoteles gegenüber Traum, Sprache und Mythos ein Späteres ist und etwas in hohem Grade Künstliches und Abstraktes – aber eben kein Abgeleitetes. Ableitung gibt es nur mit der Logik und Logik kann es nur geben, wo es um Begriffe und deren Verhältnisse geht. Damit wird nicht behauptet, dass der Begriff Logik nur auf die allgemeinen Regeln angewendet werden darf, die man seit Aristoteles darunter befasst. Nach Kant ist ein erweiterter Begriff von Logik gerechtfertigt im Sinne der besonderen Regeln, die man auf einem besonderen Gebiet anwenden muss, um zu Erkenntnissen zu gelangen.

> „Die Logik kann in zwiefacher Absicht unternommen werden, entweder als Logik des allgemeinen oder des besondern Verstandesgebrauchs. Die erste enthält die schlechthin nothwendigen Regeln des Denkens, ohne welche gar kein Gebrauch des Verstandes stattfindet (...) Die Logik des besondern Verstandesgebrauchs enthält die Regeln, über eine gewisse Art von Gegenständen richtig zu denken. Jene kann man die Elementarlogik nennen, diese aber das Organ dieser oder jener Wissenschaft. Die letztere [ist] nach dem Gange der menschlichen Vernunft das Späteste (...) Denn man muß die Gegenstände schon in ziemlich hohem Grade kennen, wenn man die Regeln angeben will, wie sich eine Wissenschaft von ihnen zu Stande bringen lasse.“[150]

Man kann also mit Kant sagen, dass die besonderen Logiken des besonderen Verstandesgebrauchs die gegenstandsspezifischen Methoden sind, um auf einem bestimmten Gebiet, z.B. der Wissenschaft vom Wert (Kritik der politischen Ökonomie) oder der Wissenschaft vom Unbewussten (Psychoanalyse) Erkenntnisse zu produzieren. Kants Definitionen fordern uns dazu auf, eine Unterscheidung zu treffen, deren Berechtigung und Notwendigkeit man kaum wird in Abrede stellen können. Wir müssen die Regeln oder empirischen Gesetzmäßigkeiten, die sich auf einem Gebiet feststellen lassen, unterscheiden von den Regeln, nach denen wir Verhältnisse und Gegebenheiten auf diesem Gebiet untersuchen. Es mag sich z.B. als Regel der Traumarbeit herausgestellt haben, dass längliche Gegenstände das männliche Glied symbolisieren; die methodische Anweisung besteht darin, solche Elemente des Traums auf die angegebene Weise zu deuten. Mehr noch: Man wird, sollte sich eine ähnliche Deutung auch für andere Elemente als sinnvoll erweisen, eine methodische Regel aufstellen, dass

150 Immanuel Kant: Kritik der reinen Vernunft (B), Werke Akademie-Ausgabe Bd. III, 75 f.

man auf die versteckte erotische Bedeutung des manifesten Trauminhalts zu achten habe. Solche methodischen Regeln machen die besondere Logik aus, die erkannten empirischen Gesetzmäßigkeiten sind so viel und so wenig logisch wie das Gesetz der Schwere: Sie müssen den Regeln des allgemeinen Verstandesgebrauchs gemäß formuliert sein, geben sie aber nicht selber an. Wir können vielleicht, wie Freud behauptet, feststellen, dass Träume oft in einer Person mehrere wirkliche Personen zusammenfassen und daraus eine methodische Anweisung formulieren. Aber wir können nicht sagen, dass der Traum einer anderen *Logik* als der herkömmlichen folgt, jedenfalls dann nicht, wenn wir unter *Logik* die Regeln richtigen Denkens verstehen. Wenn für den Traum, wie Freud sagt, die Sätze der Identität und des verbotenen Widerspruchs ungültig sind, dann ist das nur ein anderer Ausdruck dafür, dass es sich, mit Kant zu reden, bei ihm nicht um einen Verstandesgebrauch handelt und der Traum nicht in der sozialen Welt der Mitteilung und des Handelns stattfindet. Wir werden also sagen können, dass eine Traumperson T mehrere wirkliche Personen P1, P2, P3 als eine vorstellt, aber nicht, dass sie, nach einer anderen Logik, eine Person sind.

Die Traumtätigkeit mag also nach empirisch feststellbaren Regeln unbewusst vollzogen werden, aber eine eigene Logik hat sie, im Unterschied zu ihrer Erforschung und deren Methoden, nicht. Es gibt eine besondere *Logik* der Traumdeutung, eine eigene Logik des Traums gibt es nicht. Natürlich *kann man* vorschlagen, dass jede regelmäßige Verknüpfung mentaler Repräsentationen (Gedanken, Vorstellungen) oder sogar jede empirische Gesetzmäßigkeit von Objekten ohne Bewusstsein *logisch* heißen soll, aber das scheint nicht besonders sinnvoll, denn es führt zu einem inflationären Gebrauch der Wörter, bei denen man sich schließlich überhaupt nichts Bestimmtes mehr denken kann. Es wäre demnach von einer Logik des Doppelkopfs (ein Kartenspiel) oder gar von einer Logik der Verdauung oder eben der des Unbewussten die Rede. Wir sollten uns nicht gewaltsam von einer über 2000 Jahre bestehenden Überlieferung trennen und den Begriff der Logik auf die regelgerechte Verknüpfung von Begriffen beschränken. Er ist nicht ablösbar von der Normativität des richtigen Denkens; sein Element ist das Bewusstsein.

9 Epistemische Ähnlichkeit: Kepler und Einstein

In den eineinhalb Jahrhunderten der naturwissenschaftlichen Revolution zwischen Kopernikus und Newton ist durch die Mathematisierung der Naturwissenschaft und ihre interne Verbindung mit der technisch-konstruktiven Veränderung der Gegenstände im Experiment das mimetische Verhalten in Theorie und Praxis noch weiter zurückgedrängt worden, als dies in der antiken Wissenschaft und Philosophie bereits der Fall war. Aber noch bei den größten Denkern jener Revolution sind mimetische und analogische Denkformen zu entdecken. Bei Kepler leuchtet dies sofort vom Hörensagen ein, denn seine kosmischen Harmonien, sind nichts anderes als bestimmte Zahlenverhältnisse, die von der musikalischen Harmonik, wo sie sich zunächst auf Saitenlängen von Instrumenten beziehen, auf die Abstände der Himmelskörper unseres Sonnensystems übertragen werden. Das ist keineswegs bloß eine Schrulle, die naturwissenschaftlich ohne Belang wäre, denn die Entdeckung des dritten keplerschen Gesetzes (Die Quadrate der Umlaufzweiten zweier Planeten verhalten sich wie die Kuben der großen Halbachsen ihrer Umlaufbahn) geschieht im Kontext dieser Überlegungen und unter Bedingung ihrer Voraussetzungen: dass die Welt ein harmonisches, in Zahlenverhältnissen gegliedertes Ganzes darstellt. Das dritte keplersche Gesetz der Planetenbewegung ist eine lupenreine mathematische Analogie, aber es ist nicht vorrangig diese Form, in der Keplers Astronomie harmonische Proportionen feststellt. Ihm geht es um das harmonische Verhältnis der Geschwindigkeiten zweier oder mehrerer Planeten in ihren Extrempositionen oder Grenzabständen (Sonnennähe: Perihel/Sonnenferne: Aphel), wenn diese zeitlich zusammentreffen. (Für alle damals bekannten sechs Planeten, welche die Sonne umlaufen, gab es, so Kepler, ein harmonisches Zusammentreffen wahrscheinlich nur einmal: bei der Schöpfung.) Übrigens wäre es ein Missverständnis, zu meinen, die Himmelskörper würden in ihren Konstellationen tönen; Kepler legt großen Wert darauf, dass ihre Harmonie nicht sinnlich wahrnehmbar ist, sondern nur für den Verstand.

Keplers neuplatonische Spekulationen sind sicher eine Besonderheit, aber auch Galilei hat sich mimetischer Denkformen bedient. Als er aus der Tatsache, dass der Planet Venus ähnlich wie unser Mond Phasen aufweist, den Schluss zog, dass Venus kein eigenes Lichte haben könne (sondern leuchtet, weil sie von der Sonne beschienen wird), schrieb er an Guiliano de Medici, die Venus ahme (aemulatur) die Figuren des Mondes (d.h. seine Phasen: Neumond, Vollmond etc.) nach.[151] Das charakterisiert gewiss nicht den Stil galileischer Wissenschaft, sondern ist als geistreiches Rätsel zu verstehen, aber es zeigt doch, wie sehr das Ähnlichkeitsdenken zum Verständnis der Ergebnisse der Astronomie beitragen konnte.

Es ist besonders eindrucksvoll, dass sich die Bedeutung des Ähnlichkeitsdenkens auch bei einem Physiker des 20. Jahrhunderts nachweisen lässt, der in einem Atemzug mit den Heroen der frühen Neuzeit (Kopernikus, Kepler, Galilei und Newton) genannt zu werden verdient. Albert Einstein hat in den Jahren 1905 bis 1907 eine Reihe von Entdeckungen gemacht, die man als revolutionär bezeichnen muss. Ihr Antrieb ist, wie bei Kepler, der Glaube an die Übereinstimmung der kosmischen Erscheinungen, und die Fähigkeit, sie mittels Analogien zu finden. Ein wesentlicher Schritt ist die Analogie von Mechanik und Elektromagnetismus im Hinblick auf die spezielle (bei konstanten Geschwindigkeiten gültige) Relativität, die schon von Galilei für die Mechanik formuliert worden ist. Einsteins Berechnungen für Lichtwellen führen ihn auf eine Beziehung zwischen Energie, Masse und Lichtgeschwindigkeit, die in der Formel $E=m\cdot c^2$ ausgedrückt wird. Der Witz besteht darin, dass „m“ eine Masse symbolisiert, die von der Lichtquelle zusammen mit dem Licht abgegeben wird.[152] Sie ist nicht identisch mit der Masse der Lichtquelle, deren Bestandteile dieselben bleiben. Man kann auch sagen, dass die Lichtquelle Masse verliert, wenn sie Energie abgibt oder dass Energie selbst Masse besitzt. Handelt es sich um zwei verschiedene Arten von Masse oder um etwas anderes (z.B. die Verwandlung derselben Masse)?

Um das Ergebnis, jene berühmte Formel, zu interpretieren, bediente sich Einstein (nach Hofstadter und Sander) wieder einer Analogie, nämlich derjenigen zwischen Masse und Energie. Die zwei angenommenen Arten von Materie könnten sich verhalten wie zwei Formen von Energie, nämlich potentielle und wirkende (z.B. kinetische) Energie, denn die Vergleichbarkeit von Energie und Masse ist schon durch den Erhaltungssatz gesichert.[153] Wie sich aber potentielle Energie in bewegliche, wirkliche Energie verwandeln kann, so kann sich, wenn die Analogie stimmt, auch normale Masse in eigenartige (energetische) Masse verwandeln. Es gibt also nicht zwei verschiedene Arten von Massen, sondern

151 Mechthild Lemcke: Johannes Kepler, Reinbek 1993, 83.

152 Vgl. Douglas Hofstadter und Emanuel Sander: Die Analogie. Das Herz des Denkens, Stuttgart 2014, 622–643.

153 Die Formulierung dieser Analogie findet sich bei Hofmann/Sander a.a.O., 640.

zwei Zustände, von denen der zweite durch Verwandlung aus dem ersten entsteht. Das heißt aber, und darin besteht der weiter gehende Gedanke, dass jede Masse, auch diejenige fester Körper, eine (potentielle, statische) Energie besitzt, die, wenn sie frei gesetzt wird, riesengroß sein muss, weil diese Masse mit dem Quadrat der Lichtgeschwindigkeit zu multiplizieren ist.[154]

Auch für Einstein lässt sich also sagen, dass er sich – wie Kepler – entschloss, „am Faden der Analogie das Labyrinth der Naturgeheimnisse zu durchstreifen."[155] Wie Kepler von der Überzeugung der Harmonie im Kosmos geleitet war, so Einstein von einem "instinktivem Gefühl für kosmische Einheit".[156] Wir müssen allerdings festhalten, dass das Ziel dieser Analogien quantitative Verhältnisse sind, Beziehungen zwischen Größen oder Begriffen wie Kraft, Bahn, Geschwindigkeit, Energie und Masse. Diese Beziehungen müssen messbar sein, d.h. sie sind empirisch validierbar und jede Behauptung über solche Beziehungen muss sich auf ein Experiment beziehen, in dem sie überprüfbar ist. Die naturwissenschaftliche Forschung im Sinne der Neuzeit ist auf Gesetze aus (nicht nur, aber doch sehr oft, und die Gesetzmäßigkeiten können auch solche der Formierung oder Gestaltung sein). Die quantitativen Verhältnisse mathemaischer Gleichheit sind aber nicht immer selbst Analogien wie das beim dritten keplerschen Planetengesetz der Fall ist. Umgekehrt sind mathematische Gleichungen (Naturgesetze im neuzeitlichen Sinn) nur ein Sonderfall von Analogien in dem seit Platon und den Pythagoreern geläufigen Sinn einer Ähnlichkeit von Verhältnissen. Diese Feststellung gewinnt an Bedeutung, wenn man sich mit der Grundkonzeption von Hofstadter und Sander auseinandersetzt, denen wir das Beispiel Einsteins verdanken.

154 Die Analogie zur Energie, zu der die Unterscheidung von m (bei z.B. Strahlung abgegebene Masse) und M (Masse des abgebenden Körpers) eingeladen hatte, verhindert also, dass beide Massen wie durch Artgrenzen getrennt bleiben.

155 Kepler, a.a.O., 354 (V. Buch, 10. Kap.).

156 Banesh Hoffmann: Albert Einstein. Creator and Rebel. New York 1972 (dt. Frankfurt am Main 1978), 98, zitiert bei Hofstadter/Sander, a.a.O., 627.

10 Kognitionspsychologie: Hofstadter und Sander

Die Hauptthese der beiden Autoren kommt im Titel ihres Buches klar zum Ausdruck: *Die Analogie. Das Herz des Denkens.* Das Thema ist Kognition als psychologisches Phänomen und die Aufgabe besteht darin darzulegen, „was Denken an sich ist".[157] Die Autoren bringen eine Fülle von Material und interessanten Überlegungen – z.B. zur Abgrenzung menschlichen Denkens von künstlicher Intelligenz[158] – und teilen die Stoßrichtung vieler Denker, die das Denken in Ähnlichkeiten gegen Begriffshierarchien und das formalistische Ideal deduktiver Erkenntnis in Stellung gebracht haben. Gerade weil ich diese Intentionen teile, möchte ich einige kritische Punkte beleuchten, die das Ziel hintertreiben können. Hofstadter und Sander zeigen uns eine subjektive Vernunft, die einen Sinn für ihr eigenes Ungenügen hat, ohne ihre Prämissen (wie den Instrumentalismus des Denkens und die Irrelevanz der Geschichte) infrage zu stellen.[159]

Am Anfang steht die Feststellung, dass vom Begriff „Analogie" ein inflationärer Gebrauch gemacht wird. Er verschwimmt nicht nur mit Ähnlichkeit, was noch angehen mag, sondern auch mit Erinnerung und Assoziation, Metapher und Identifikation, Vergleich und sogar mit Abstraktion. Ähnlich, vergleichbar und analog gelten als dasselbe. Dass Analogisierung und Begriffsbildung dasselbe sind, ist die Grundthese des Buches: „Analogiebildung und Kategorisierung sind lediglich zwei Bezeichnungen für ein und dasselbe Phänomen."[160] Ohne Sprachbegriffe und wissenschaftliche Begriffe explizit zu unterscheiden, gelten alle Begriffe als verschwommen und nicht exakt abgrenzbar.[161] Der über

157 Hofstadter/Sander, a.a.O., 55.

158 Vgl. ebda., 162.

159 Es darf bei dem Desinteresse an der Theoriegeschichte auch nicht verwundern, dass Hofstadter und Sander einen ihrer wichtigsten Vorläufer, Fritz Mauthner, nicht kennen oder übergehen. „Die Ähnlichkeit dürfte noch einmal die wichtigste Rolle in der Psychologie spielen", schreibt er in *Beiträge zu einer Kritik der Sprache* (1906). Die Beschäftigung mit Ähnlichkeit lehre uns einzusehen, „wie tief unser logisches oder sprachliches Wissen unter unseren wissenschaftlichen Ansprüchen stehe, wie weit entfernt unsere Begriffsbildung von mathematischer Genauigkeit sei; denn unsere Sprachbegriffe beruhen auf Ähnlichkeit, die mathematischen Formeln auf Gleichheit." (Frankfurt am Main/Berlin/Wien 1982, 436)

160 Hofstadter/Sander, a.a.O., 142.

161 Vgl. ebda., 96.

700 Seiten hinweg abgehandelte Grundbegriff der Analogie bildet keine Ausnahme.[162]

Hofstadter und Sander wenden sich zunächst dagegen, die Analogie auf proportionale Analogien einzuschränken.[163] Dagegen ist zunächst nichts vorzubringen, denn man kann auch Attributionen oder Prädikationen als analog bezeichnen, wenn sie im Hinblick auf einen identischen Bezugspunkt ausgesprochen werden. So sagt man von einem Medikament, dass es gesund sei, weil es sich auf die Gesundheit des menschlichen Körpers bezieht, indem es auf ihn wirkt.[164] Gleichwohl war die Auffassung von der Analogie als Verhältnis von Verhältnissen in der Theoriegeschichte die ursprüngliche und wurde lange beibehalten. Kant hat sie sehr klar ausgedrückt: Analogie sei nicht „eine unvollkommene Ähnlichkeit zweier Dinge, sondern eine vollkommene Ähnlichkeit zweier Verhältnisse zwischen ganz unähnlichen Dingen".[165]

Hofstadter und Sander stören sich am Formalismus eines solchen Analogieverständnisses,[166] aber weder der Vergleich der Verhältnisse noch das Auffinden des vierten Gliedes ist eine bloß formelle Angelegenheit. Wie bereits erwähnt, ist die mathematische Analogie ein Spezialfall des Verhältnisses von Verhältnissen, der durch Messbarkeit und Reduzierbarkeit bestimmt ist.[167] Weder die distributive Gerechtigkeit bei Aristoteles – bei einer Verteilung aus öffentlichen Mitteln sollen die Dinge im gleichen Verhältnis wie die Personen, d.h. ihre Leistung oder ihre Bedürftigkeit, stehen – noch die analoge Struktur von Seele, Staat und Kosmos bei Platon, die Hofstadter und Sander selbst erwähnen,[168] sind bloß

162 Einen brauchbaren Überblick zur Philosophiegeschichte der Analogie enthält André Rudolph: Figuren der Ähnlichkeit. Johann Georg Hamanns Analogiedenken im Kontext des 18. Jahrhunderts, Tübingen 2006.

163 Ebda., 32.

164 Zur Attributionsanalogie vgl. Rudolph a.a.O., 38 ff. und Aristoteles, Metaphysik, Buch IV, Kap. 2.

165 Kant: Prolegomena zu einer jeden künftigen Metaphysik, die als Wissenschaft wird aufteten können, in: AA Werke IV, 253–384, 357 (§ 58) Kants erstes Beispiel ist eine „Analogie zwischen dem rechtlichen Verhältnisse menschlicher Handlungen und dem mechanischen Verhältnisse der bewegenden Kräfte: ich kann gegen einen andern niemals etwas thun, ohne ihm ein Recht zu geben, unter den nämlichen Bedingungen eben dasselbe gegen mich zu thun; eben so wie kein Körper auf einen andern mit seiner bewegenden Kraft wirken kann, ohne dadurch zu verursachen, daß der andre ihm eben so viel entgegen wirke." (ebda., Anm.) Es ist nicht ganz einsichtig, wie diese Anlage zum Fortschritt der Erkenntnis beitragen könnte. Eben das aber kann die Aufgabe von Analogien sein: auf etwas Unbekanntes durch sein Verhältnis zu etwas Bekanntem zu schließen. Das gilt für Kant wie für die mittelalterliche Philosophie insbesondere dann, wenn von Gott die Rede ist. – Noch Karen Gloy stellt die Frage, ob sich nicht alle Ähnlichkeiten auf die Ähnlichkeit von Verhältnissen zurückführen lässt.

166 Vgl. Hofstadter/Sander, a.a.O., 32–35; vgl. 201 f.

167 3:4= 6:8; vgl. Euklid: Die Elemente, übs. u. hg. von C. Thaer, Darmstadt 1973, Buch V, Definitionen, 91 f.

168 Hofstadter/Sander, a.a.O., 40.

formelle Spielereien. Das Auffinden der Glieder, der „ganz unähnlichen Dinge", wie Kant sagt, erfordert eine sachliche Kenntnis und die Fähigkeit zu abstrakter, generalisierender Begriffsbildung, welche übrigens auch bei Hofstadter und Sander unter dem Titel des „abstrahierenden Sprungs" auf eine höhere Begriffsebene thematisiert wird.[169]

Abstraktion ist eine vertikale Denkbewegung, die in jedem Vergleich vollzogen werden muss. Die abstrakten Begriffe selbst sind aber keine Vergleiche mehr, sondern eben Abstraktionen, „abstrakte Muster im Gehirn", wie Hofstadter und Sander formulieren.[170] Ihre Bildung ist Sache der „reflektierenden Urteilskraft" (Kant), die vom Besonderen zum Allgemeinen schreitet, während die „bestimmende Urteilskraft", vom Allgemeinen ausgehend, die besonderen Formen angibt, die dem Begriff unterfallen. Die platonische Dihairesis (Einteilung, Unterscheidung), wie sie etwa im Dialog *Sophistes* vorgeführt wird, wäre das klassische Beispiel der bestimmenden Urteilskraft im Sinne Kants. Solche Begrifflichkeiten liegen jenseits des Horizonts unserer Autoren. Sie ignorieren in Übereinstimmung mit den Gepflogenheiten ihres Faches die Unterscheidung, die in der philosophischen Tradition zwischen Begriff und Kategorie (zur Unterscheidung von Objektbegriffen und Begriffen für Aussageweisen oder Urteilsformen) vorgenommen wurde. „Begriff" und „Kategorie" werden äquivalent gebraucht, sie gelten als synonym.[171] Die Einsicht, dass es nicht einen einzigen Gedanken gäbe, „der nicht zutiefst und auf vielfältige Weise in der Vergangenheit verankert wäre",[172] verbleibt in den Grenzen der Individualgeschichte. Zu Recht betonen die Autoren, dass die Art, wie unsere Muttersprache die Welt einteilt, auch unser Denken prägt, aber auch diese vorgegebene Objektvität wird ohne geschichtliche Dimension präsentiert. Geschichte ist hier irrelevant, sie verfällt der Vergessenheit. Wenn man sich einmal überzeugt hat, dass alle Gedanken, die vor der Einrichtung psychologischer Departments an den Universitäten zum Thema „Denken an sich" gedacht worden sind, unwichtig sind, lässt sich natürlich locker behaupten, Locke habe die Analogie geschmäht[173] und Platon habe eine „objektivistische Vision" des Wissens, der zufolge alle Objekte, z. B. ein Glas, „lediglich eine einzige wahre Identität haben" können; er sah einfach

169 Ebda., 336.

170 Ebda., 56.

171 Ebda., 62.

172 Ebda., 42.

173 Vgl. ebda., 40.

nicht, dass ein Glas auch Geschirr ist und nicht nur zum Trinken, sondern auch zum Aufbewahren von Kaulquappen dienen könne.[174]

Die Irrelevanz der Geschichte gilt bei Hofstadter und Sander nicht nur für die Denkgeschichte der westlichen Zivilisation, sondern auch für die Naturgeschichte. Sie erscheint am Horizont in der wiederholten Feststellung, dass das Analogisieren oder die Wahrnehmung von Ähnlichkeiten sich unbewusst, d.h. ohne bewusstes Nachdenken vollzieht.[175] Hofstadter und Sander sprechen gelegentlich von einem „Trieb", „Abstraktionen zu entdecken oder zu erschaffen",[176] aber die Verbindung zum Begriff des mimetischen Impulses, der für die Reflexion auf die Naturverbundenheit von Sprache und Denken zentral wäre, ist doch nur sehr schwach und zudem durch die problematische Gleichsetzung von Abstraktion und Analogie vermittelt. Am offenkundigsten ist der naturgeschichtliche Bezug da, wo die Autoren die Wahrnehmung von Tieren mit demselben Begriff bezeichnen, der auch für das menschliche Denken steht, eben den „Begriff". Seine Bedeutung wird damit auf die Wahrnehmung von Reizen reduziert. Bei Tieren ist das „Begriffsrepertoire offenbar schon von Beginn an fixiert und in einigen Fällen (man denke nur an das Begriffsrepertoire eines Froschs oder einer Küchenschabe) auch höchst beschränkt".[177] Hofstadter und Sander informieren uns nicht über ihre Erkenntnisse zu den Begriffen der Küchenschabe; immerhin sind die Ausführungen zu den „Analogien und Kategorien im Denken von Hunden" schon beredter.[178] Das Denken von Menschen unterscheidet sich ihnen zufolge nicht qualitativ vom tierischen, sondern im Umfang, der nicht fixiert ist, sondern sich erweitert, und im Abstraktionsgrad, von dem dasselbe gilt. „Der Mensch ist ein notorischer Kategorien-Erweiterer, ein unersättlicher Tourist, der von der Welt der Kategorien nicht genug kriegen kann, ein alter Hase im semantischen Gleiten, ein ausgefuchster Ähnlichkeitsdenker und nicht zuletzt ein unverbesserlicher Abstrahierer."[179] Menschliches Denken beginne mit unvertrauten Situationen, in denen die Erinnerung an ähnliche Begebenheiten ausgelöst und die vorhandenen Denkmuster aktiviert werden. „Der Akt der Kategorisierung ist die tastende, abgestufte, graduelle Verknüpfung einer Einheit oder Situation mit einer im eigenen Bewusstsein

174 Ebda., 262. Zu Locke vgl. Rudolph, a.a.O., 52 ff.

175 Vgl. Hofstadter/Sander a.a.O., 42 u.ö.

176 Ebda., 388.

177 Ebda., 81.

178 Ebda., 246–249.

179 Ebda., 344.

vorgegebenen Kategorie."[180] Unablässige Kategorisierung ist nützlich und lebensnotwendig.

Wenn mit dieser Einordnung des menschlichen Denkens in die Entwicklung des Lebens das Motiv verbunden ist, der Überheblichkeit der Menschen entgegen zu treten und ihren unumschränkten Anspruch auf die Kreatur, der sich aus solcher Hybris speist, zu verneinen, so muss sie ihr Ziel unvermeidlich verfehlen. Denn sie verkennt die Spontaneität der Begriffe, ihre Fähigkeit der Reflexion und Selbstbestimmung, die allein aus dem Kreislauf des Benützens herauszuführen vermag. Begriffe sind geistige Repräsentationen, die nicht nur unabhängig von der Gegenwart ihres Objekts sind wie in jeder Erinnerung, sondern auch ohne äußeren oder inneren Anlass – Wahrnehmung oder Bedürfnisdruck – aktualisiert, d.h. in einem Nachdenken produziert werden können. In diesem Sinne gibt es nur menschliche Begriffe, unterschieden von bloßen Wahrnehmungen und Vorstellungen.

Hofstadter und Sander verstellen sich die Freiheitsdimension, indem sie auch die Bezeichnung „spontan", unbekümmert um die Denkgeschichte, umdefinieren und als synonym mit „unbewusst" bezeichnen. Gemäß dem deterministischen Dogma kann die Spontaneität eines Gedankens nur in der Bewusstlosigkeit seiner wirklichen Veranlassung bestehen. Spontan (lateinisch „sponte" heißt: von sich aus) zu sein bedeutet Freiheit, für die es in der Denkpsychologie keinen Platz zu geben scheint. „Tatsächlich sind wir der Gnade unserer unzähligen unbewussten Analogien ausgeliefert".[181] Unsere Wortwahl werde von einem unbewussten Analogisierungsprozess durchgeführt;[182] Nachdenken über den richtigen Ausdruck scheint es nicht zu geben. Das Lebensgefühl, das dieser Wortwahl zugrunde liegt, wird nicht hinterfragt:

> „wir sind mit einer unüberschaubaren Vielfalt nur vage umrissener Situationen konfrontiert (...) Unser armes umzingeltes Gehirn befindet sich ständig im Clinch mit diesem unabsehbaren Chaos, dauernd versucht es, die Vielfalt, von der es umgeben ist und die auf es eindringt, ohne dass es sich dagegen wehren kann, zu interpretieren beziehungsweise ihm einen Sinn zu geben."[183]

180 Ebda., 30.

181 Ebda., 512.

182 Vgl. ebda., 502

183 Ebda., 55.

Die Reflexion auf das hier sich artikulierende Lebensgefühl hätte zu berücksichtigen, dass die Menschheit seit nicht einmal 200 Jahren zum ersten Mal in ihrer Geschichte in einer Umwelt lebt, die primär von standardisierten Artefakten gebildet wird. Für die Mehrzahl der Menschen bedeutet dies – trotz oder vielleicht sogar wegen der Anstrengungen der Unterhaltungsindustrie – ein Leben schlecht larvierter Langeweile, in dem es wenig produktive Reize, aber eine Überfülle greller einfacher Reize gibt, die sowohl Überreizung als auch Passivität hervorrufen.[184] Das Gefühl der Unsicherheit, auf das die „Kategorisierung" Antwort geben soll, scheint aber weniger durch angeblich immer neue Situationen als durch die Erfahrung der Schutzlosigkeit gegen die Einfälle der ökonomisch und politisch Mächtigen hervorgerufen zu werden. Zuzugeben ist freilich, dass diese Erfahrungen im Alltag der akademischen Oberschicht, aus dem sich die Beispiele der Autoren speisen, seltener sind als anderswo.

Die Reduktion der Naturgeschichte auf eine nicht vorhandene Kontinuität vom „Begriff" der Küchenschabe bis zu den Begriffen Albert Einsteins blendet das mimetische Vermögen – die Fähigkeit Ähnlichkeiten zu erkennen und zu produzieren – im Hinblick auf die Sprache aus. Ähnlichkeit regiert bei Hofstadter und Sander die Verknüpfung der Bedeutungen und der Wahrnehmungen, aber nicht die Beziehung zwischen der Lautgestalt und der Bedeutung, die in der Sprachphilosophie Herders, Wilhelm von Humboldts und ihrer Nachfolger ein wesentliches Lehrstück war. Sprache ist ihrer Kognitionspsychologie ein Ganzes bloßer Zeichen, offenbar ohne sinnliche Qualitäten; der vom Wort (oder einer Redewendung) gemeinte Begriff ist „ein abstraktes Muster im Gehirn".[185] Was Hofstadter und Sander die Oberflächlichkeit der Analogien nennen, meint eben die sinnlichen Qualitäten, auf die sich die Bedeutungen beziehen und die mitunter in der Lautgestalt der Wortbegriffe nachgeahmt oder symbolisiert werden. Tatsächlich sind die Begriffe Schemata der produktiven Einbildungskraft,[186] die mit den Wörtern, durch die sie bezeichnet werden, oft, wenn auch nicht immer, durch Ähnlichkeit verbunden sind. Wenn man diese Verbindung nicht thematisieren will, kommt man mit einer gewissen Zwangsläufigkeit zu

184 Zur Unterscheidung von produktiven und einfachen Reizen vgl. Erich Fromm: Anatomie der menschlichen Destruktivität, Reinbek 1977, 267–273.

185 Hofstadter/Sander a.a.O., 56.

186 Der Begriff des Schemas pointiert bei Kant die Inkongruenz von Begriff und Bild. Schemata sind Methoden, dem Begriff eine Anschauung zu verschaffen. Vgl. Kritik der reinen Vernunft a.a.O., 135 f. Vgl. Verf.: Die Sprache der realen Freiheit. Sprache und Sozialphilosophie bei Wilhelm von Humboldt, Würzburg 1998, 65 f. und 192 f.

der Ansicht, dass eine „evolutionäre Interpretation nicht ernst genommen werden muss“.[187]

Die vereinseitigende Reduktion auf das Semiotische der Sprache fördert einen Denkstil subjektiver Vernunft, gegen den das Analogiedenken ins Feld geführt worden war. Wörter sind „Etiketten“[188], den Gegenständen äußerlich aufgeklebt und von ihnen ablösbar. Wodurch unterscheidet sich ein solches undifferenziertes Verfahren vom Schubladendenken und der scheinhaften Exaktheit der Deduktionen, zu dem die Analogie-Theorie des Denkens die Alternative sein soll? Ähnlichkeit statt (gemessener) Identität; Analogie statt formeller Logik ist die Parole.[189] Aber das Analogisieren selbst wird in einer Rhetorik vorgestellt, die verdächtig an die Schubladenmetapher gemahnt. Die Rede von der „Mitgliedschaft“ eines Dings in einer Kategorie kann nicht darüber hinwegtäuschen, dass es sich um eine „Zuordnung“ oder eine „Zuweisung“ handelt.[190] Intelligenz, also die Fähigkeit zum Denken, das analogisch sein soll, sei die Kunst, „sich [sic!] in einer neuen, unbekannten Situation schnell und sicher auf einen aufschlussreichen Präzedenzfall (oder deren mehrere) einzuordnen, der in den Nischen der Erinnerung aufbewahrt ist.“[191] Und natürlich ist „eine Kategorie abstrakter als eine andere, wenn sie letztere in sich beschließt.“[192] Die Schublade, die es nicht geben soll, ist sogar abschließbar!

Solche Dissonanzen dürfen als Symptom dafür gelten, dass der Einspruch gegen die Unzulänglichkeiten bloß subjektiver Vernunft nicht auf halbem Wege stehen bleiben kann. Um ihn weiter zu gehen, muss die Ähnlichkeit in der Objektivität der Sprache, dieser wirklichen Allgemeinheit, die das Erbe des archaischen Menschen ist, aufgespürt und anerkannt werden (vgl. Abschnitt 1, 3 und 4). Und man muss die Logik der Beziehung von Analogie und Identität aufklären.

187 Hofstadter/Sander, a.a.O., 453.

188 Ebda., 36

189 Vgl. ebda., 531 u.52.

190 Ebda., 530, 29 u. 585.

191 Ebda., 177.

192 Ebda., 259.

11 Analogieschlüsse: Bacon, Descartes, Locke und Kant

Während des 17. und 18. Jahrhunderts wird der Analogieschluss von den bekanntesten Denkern immer wieder thematisiert. Francis Bacon behandelt Ähnlichkeit und Analogieschluss im *Novum Organum* dort, wo er die Fälle klassifiziert, die in der Naturforschung zu beachten seien. Als sechste Klasse führt er „die gleichförmigen oder entsprechenden Fälle" auf (Instantiae Conformes sive Proportionatae) – „man kann sie auch parallele oder physische Ähnlichkeiten [similitudines physicas] nennen."[193] Ihr Grundsatz sei, dass die Sinnesorgane und die Körper, die auf die Sinne einwirken, von gleicher Natur sind. Aus diesem Prinzip folgt eine Parallele von belebter und unbelebter Natur; in beiden gibt es Übereinstimmung und Mitleiden (consensus sive sympathia), in der unbelebten Natur freilich ohne Empfindung. Aus der Übereinstimmung der Verhältnisse folgt: „wie es vielerlei Arten oder gleichsam verschiedene Charaktere von Schmerz in den belebten Körpern gibt – Schmerz durch Brennen, starke Kälte, Stich, Druck oder gewaltsames Zerren und andere – so müssen diese Schmerzensarten auch zweifellos in den unbelebten Körpern als Bewegungen vorhanden sein" – etwa in den Steinen, die ebenfalls gestochen, geschnitten etc. werden können.[194] Bacon nennt einige weitere konkrete Analogien, wie die Entsprechung von Flossen der Fische und den Füßen der Landtiere oder von Wurzeln und Kronen der Bäume. Es sollte „alle Mühe und Sorgfalt auf die Ermittlung und Untersuchung der Ähnlichkeit und Gleichförmigkeit in der Gesamtheit wie in den einzelnen Teilen der Natur verwendet werden. Das ist es, womit man die Einheit in der Natur und die Unterlage für die Wissenschaft begründet."[195]

Es ist also „ein gewisser Scharfsinn, physische Gleichförmigkeit und Ähnlichkeiten zu ermitteln und aufzufinden (...) oft recht nützlich", jedoch ist „große und strenge Vorsicht Voraussetzung".[196] Die Ähnlichkeiten müssen in der Sache selbst begründet, wirklich und substantiell sein, nicht bloß zufällig. Die Sinne können nicht nur täuschen, sondern liefern uns auch von sich aus nicht den

193 Francis Bacon: Neues Organon, hg. von W. Krohn, Hamburg 1990, 398 f. (2. Bd., Aph. 27)

194 Ebda., 401.

195 Ebda., 405.

196 Ebda., 407 u. 405.

Sinn fürs Wesentliche, das nur durch Nachdenken gefunden werden kann. Die geforderte Disziplin gilt auch für die Klasse der stellvertretenden Fälle (Instantiae Substitutionis), die Bacon an neunzehnter Stelle anführt. Ein Unterfall (neben der stufenweisen Steigerung) ist die Substitutio per Analoga (man erinnere sich an Kehlmanns Kircher), Stellvertretung durch Vergleich.[197] Sie ist recht brauchbar, aber unsicher und „darf nur mit nüchterner Besonnenheit zu Rate gezogen werden."[198] Es geht um die Darstellung des Nichtsinnlichen, Geistigen, durch sinnliche Vergleiche, genau genommen um die Mischung der Geister (mistura spirituum) bzw. deren Verbindung (compositio) oder Nichtverbindung mit Körpern – etwa der Luft oder anderen Gasen. Geister kann man nicht wahrnehmen, aber wir können uns „ein Bild von diesen Vorgängen (...) durch Flüssigkeiten wie Quecksilber, Öl und Wasser machen". Ergebnis: Wie bei den Flüssigkeiten findet bei Geistern und Körpern „keine gegenseitige Durchdringung statt."[199]

Descartes hat wenig von der Analogie gehalten. Sein Beispiel einer fehlerhaften Analogie zu Beginn der Regeln wird von Foucault als Kronzeuge des Niedergangs der Analogie seit der Renaissance angeführt. Descartes' Ziel ist jedoch nicht direkt die Delegitimierung analogischen Denkens, sondern die Rechtfertigung der Einheit der Wissenschaften und die Überwindung des Spezialistentums. Zwar träfe es für die Handarbeit und die Künste überhaupt zu, „daß der leichter ein ausgezeichneter Meister wird, der nur eine Kunst ausübt", aber es ist falsch, „daß es mit den Wissenschaften ebenso stünde, daß man sie, je nach der Verschiedenheit ihrer Objekte voneinander abgesondert, jede für sich ohne Berücksichtigung der anderen zu erwerben suchen müsse."[200] Für Descartes liegt die Einheit in der Methode. Verantwortlich für jenen Irrtum, der Spezialisierung fordert, ist ein Analogieschluss. „Es ist eine menschliche Angewohnheit, sooft man zwischen zwei Dingen irgendeine Ähnlichkeit bemerkt, über jedes von beiden auszusagen, was man nur für eines von ihnen wahr gefunden hat, selbst da, wo beide verschieden sind."[201] Descartes sagt nicht, dass das Analogiedenken wertlos ist, aber es liegt auf der Hand, dass es seinem Ideal klarer und bestimmter Begriffe, unerschütterlicher Urteile und zuverlässiger Deduktionen widerspricht.

197 Vgl. ebda., 494 f.

198 Ebda., 495.

199 Ebda. 497, 499.

200 Descartes: Regeln zur Ausrichtung der Erkenntniskraft, übs. und hg. von L. Gäbe, Hamburg 1972, 3.

201 Ebda.

Auch für Locke gehört die Analogie nicht zur Logik der Wahrheit; immerhin kann sie Wahrscheinlichkeiten begründen, d.h. Überzeugungen, die nicht vollständig begründet sind, also ein Moment von „Glauben“ (nicht notwendig im religiösen Sinne) enthalten. Nicht alle Wahrscheinlichkeiten sind auf Analogie gegründet; sie beruhen z.B. auf direkter Erfahrung, auch wenn diese nicht generalisierbar ist, oder auf Zeugnissen von Autoritäten, etwa Geschichtsschreibern, die sich oft als zuverlässig herausgestellt haben. Analogie ist immer dann sinnvoll, wenn wir, wie schon bei Bacon in den Instantiae Substitutionis, keine direkte Erfahrung haben können. Die Beispiele, die Locke anführt, sind ideengeschichtlich nicht uninteressant. Wir können z.B. aus den Verhältnissen auf unserer Erde darauf schließen, dass es auch auf anderen Himmelskörpern denkende Wesen geben müsse.[202] Oder wir schließen aus der Erfahrung, dass Feuer durch „starkes Aneinanderreiben zweier Körper“ entsteht, daß Feuer und Wärme „in einer heftigen Bewegung des brennenden Körpers besteht.“[203] Schließlich folgern wir aus der (wie mir scheint: bestreitbaren) Kontinuität, die uns als vernünftige Wesen mit den Tieren und allen natürlichen Dingen verbindet – der Unterschied von manchen Menschen zu manchen Tieren sei kaum merklich – dass es auch zwischen uns und dem höchsten Vernunftwesen, Gott, Übergänge geben muss, als da wären Geister, Teufel, Engel.[204] „Diese und ähnliche Dinge“ können „nur insoweit als mehr oder weniger wahrscheinlich gelten, je nachdem sie mit Wahrheiten mehr oder weniger übereinstimmen, die unser fester geistiger Besitz sind (...) Bei diesen Dingen ist die Analogie das einzige Hilfsmittel.“[205] Natürlich ist sie mit Vorsicht zu gebrauchen: „Vorsichtige Analogieschlüsse führen uns oft zur Entdeckung von Wahrheiten und zur Herstellung von nützlichen Erzeugnissen, die sonst unbekannt geblieben wären.“[206]

Es würde in unserem Rahmen zu weit führen, das Fortleben der Analogie im 18. Jahrhundert im Detail nachzuweisen. Zu denken wäre nicht nur an Herder, dessen Essay über den Ursprung der Sprache in der deutschen Literatur Epoche gemacht hat, sondern auch an die französische Aufklärung, etwa an Diderot, der die Analogie im allgemeinen auf die Dreisatzregel zurückführt,

202 Locke: Versuch über den menschlichen Verstand, übs. von C. Winckler, Bd. II, Hamburg 1981, 4. Buch,16. Kap., 359.

203 Ebda.

204 Vgl. ebda., 360 f.

205 Ebda., 359.

206 Ebda., 361. – Zum Kontinuitätsprinzip stellt Lovejoy einleuchtend fest, dass „immer da, wo in einer Reihe ein neues quale, eine neue Art von Seiendem und nicht nur eine neue Quantität oder ein bloßes Mehr einer allen Gliedern der Reihe gemeinsamen Eigenschaft auftaucht (...) *eo ipso* ein Bruch der Kontinuität vor(liegt).“ (a.a.O., 397)

und, der Übereinkunft der Philosophen folgend, auch ihr Irrtumspotential herausstellt.[207] Die Möglichkeit des Irrtums ist im Allgemeinen eng mit der Problematik des Anthropomorphismus verbunden, wie man sich an einem randständigen, unwissenschaftlichen Beispiel klar machen kann. Gänse sind im (vorwiegend männlichen) Sprachgebrauch dumm. Diese Zuschreibung kommt vermutlich daher, dass ihr Gang, der lang gestreckte Hals und die hoch getragene Nase eine Ähnlichkeit mit dem Stolzieren, dem sich Langmachen und Naserümpfen eines eingebildeten und folglich dummen Menschen, z.B. des Snobs oder Schmocks, aufweist. Kraft dieser Ähnlichkeit wird der Gans auch die Dummheit im Sinne mangelnder Selbsterkenntnis zugeschrieben. (Schluss von der Übereinstimmung in einigen Eigenschaften [körperlicher Habitus] auf das Vorliegen einer anderen Eigenschaft, die wir im Vergleichsfall, dem Snob, kennen, nämlich eine gewisse Dummheit.) Tatsächlich sollen Gänse durchaus lernfähige Tiere sein.

Sinnvoll ist auf jeden Fall ein Blick auf Kant, den wir bereits im letzten Abschnitt erwähnt haben. Seine Einschränkung des Analogiebegriffs auf die Ähnlichkeit von Verhältnissen liegt auf der Linie Diderots, wird aber nicht durchgehalten. In der Logik, die noch im Jahr 1800 aus Vorlesungshandschriften von G.L. Jäsche herausgegeben worden ist, ordnet Kant die Analogie, neben der Induktion, den Schlüssen der reflektierenden Urteilskraft zu. Es handelt sich um empirische Schlüsse, nicht um Vernunftschlüsse, welche den Bereich der klassischen Syllogistik abdecken. Schlüsse der Analogie schließen „von vielen Bestimmungen und Eigenschaften, worin Dinge von einerlei Art zusammenstimmen, auf die übrigen, sofern sie zu demselben Prinzip gehören."[208] Das ist sicher weniger streng als die Bestimmung der *Prolegomena*, die wir im vorigen Abschnitt zitiert haben. In der *Logik* heißt es: „Die Analogie schließt von particularer Ähnlichkeit zweier Dinge auf totale, nach dem Prinzip der Specification: Dinge von einer Gattung, von denen man vieles Übereinstimmende kennt, stimmen auch in dem Übrigen überein, was wir in einigen dieser Gattung kennen, an anderen aber nicht wahrnehmen."[209]

207 Vgl. Denis Diderot: D'Alemberts Traum, in Philosophische Schriften, übs. von T. Lücke, hg. von A. Becker, Berlin 2003, 78–154, 91.

208 Kant: Logik, Akademie-Ausgabe Werke IX, 1–150, 132 (§ 84).

209 Ebda., 133 Anm. 1. – Das Gesetz der Spezifikation besagt, dass sich jede Gattung in eine unbegrenzte (oder besser: in einem regulativen Prinzip als unbegrenzt zu denkende) Anzahl von Arten und Unterarten teilen lässt. Vgl. Kant: Kritik der reinen Vernunft, Werke III, 434 f. (B 683 ff) Aus seiner Verbindung mit dem Prinzip der Gattungsidentität geht das regulative Prinzip der Kontinuität hervor.

Die Gattungsidentität der Dinge, die dem Analogieschluss hier zugrunde liegt, scheint von der Verhältnisgleichheit der *Prolegomena* völlig verschieden, aber sie macht doch auch bei der Gleichheit von Verhältnissen das Moment der Identität sichtbar: Um in ein Verhältnis gesetzt werden zu können, muss ein allgemeiner Vergleichsgrund vorhanden sein, mag er nun eine Gattung bezeichnen oder nicht. Bei den Verhältnissen sittlicher und mechanischer Art, die Kant in den *Prolegomena* angeführt und in ein Verhältnis gesetzt hat, ist der allgemeine Gesichtspunkt, das tertium comparationis, offenbar die Reziprozität (Gegenseitigkeit) der Wirkungen (rechtlicher Handlungen bzw. mechanischer Kräfte).[210] Die Notwendigkeit eines allgemeinen Vergleichsgrunds ist wichtig, weil sie zeigt, dass auch bei weitgehend unähnlichen Dingen und ihren Verhältnissen immer eine Identität im Spiel ist, wenn durch Analogie geschlossen werden soll. Zudem erkennen wir, dass der Grund, der die Verhältnisse bzw. die „Dinge" vergleichbar macht, notwendig subjektiv ist – was nicht willkürlich sein muss – eben in unserer Reflexion gelegen. In Kants Worten: Als ein Schluss der reflektierenden Urteilskraft bestimmt der Analogieschluss nicht das Objekt, sondern nur unsere Reflexion über dasselbe.[211] Deshalb ist auch für Kant die Mahnung zur Vorsicht notwendig: wir müssen uns der Analogie (wie der Induktion) mit Behutsamkeit bedienen, damit sie „nützlich und unentbehrlich zum Behuf der Erweiterung unsers Erfahrungserkenntnisses" sein kann.[212]

210 Vgl. oben Anm. 165.

211 Ebda., 132 (§ 82).

212 Ebda., 133.

12 Hegel. Analogie und Identität

In der enzyklopädischen Logik charakterisiert Hegel die Analogie mit Worten, die denen in Kants *Logik* sehr ähnlich sind. „Im Schluss der Analogie wird daraus, daß Dingen einer gewissen Gattung eine gewisse Eigenschaft zukommt, geschlossen, daß auch anderen Dingen derselben Gattung dieselbe Eigenschaft zukommt."[213] Sein Beispiel ist aus der Astronomie gewählt: „Man hat bisher bei allen Planeten dies Gesetz der Bewegung gefunden, also wird ein neu entdeckter Planet sich wahrscheinlich nach demselben Gesetz bewegen." Hegel fährt fort: „Die Analogie steht in den empirischen Wissenschaften mit Recht in großem Ansehen, und man ist auf diesem Wege zu sehr wichtigen Resultaten gelangt."[214] Da die aus der Analogie gefolgerte Bestimmung (z.B. Bewegungsgesetz der Planeten oder im Beispiel von Locke die Füße der Landtiere im Verhältnis zu den Flossen der Fische) mehr oder weniger eng mit der dem Wesen, der inneren Natur der betreffenden Gattung, verbunden sein kann, kann die Analogie mehr oder weniger treffend sein. Beispiel einer eher abwegigen Analogie wäre, so Hegel, der Schluss von der Bewohntheit des Himmelskörpers Erde durch vernünftige Wesen auf die Bewohntheit des Himmelskörpers Mond. „Was man in der neueren Zeit Naturphilosophie genannt hat, das besteht zum großen Teil in einem nichtigen Spiel mit leeren, äußerlichen Analogien, welche gleichwohl als tiefe Resultate gelten sollen. Die philosophische Naturbetrachtung ist dadurch in verdienten Mißkredit geraten."[215]

Die Schlussformen, und eben auch die Analogie, stehen bei Hegel in einem Ableitungszusammenhang, der auch seine Beispiele formt. Für Hegel gehört die Analogie nicht nur, wie bei Kant, zur selben Schluss-Klasse wie die Induktion, sondern geht aus deren Mangel, keine abschließende Allgemeinheit erreichen zu können, notwendig hervor. Der Mangel der Induktion besteht darin, dass ihre Verallgemeinerung immer vorläufig ist. Ich kann aus noch so vielen Fällen schließen, dass Raben schwarz sind, aber das Auftauchen eines weißen Raben ist immer möglich. Nun handelt es sich bei der Farbe um eine äußere Qualität,

213 Georg Wilhelm Friedrich Hegel: Enzyklopädie der philosophischen Wissenschaften, Bd. I, Werke 8, 343 (§ 190 Zusatz).

214 Ebda.

215 Ebda. Der Erde/Mond-Schluss ist nach Hegel schlecht, weil die Allgemeinheit, die dem Schluss zugrunde liegt zu abstrakt ist. Die Erde hat „Bewohner", nicht weil sie Himmelskörper schlechthin ist, sondern weil es Wasser und eine Atmosphäre gibt.

die mit dem Wesen der Gattung vielleicht gar nichts zu tun hat. Das soll im Schluss der Analogie anders sein. Die Allgemeinheit der Gattung ist nicht, wie im Induktionsschluss, ein fragwürdiges Resultat äußerer Reflexion, das sich auf ein subjektiv gewähltes Merkmal bezieht (Raben sind schwarz), sondern sie ist unmittelbar mit der Einzelheit identisch. In dieser Identität ist sie die Mitte des Schlusses. Weil im Analogieschluss die Gattung objektiv sei, gehe er über zu dem, was Hegel den Schluss der Notwendigkeit nennt. In ihm wird die „Natur der Sache" das Vermittelnde sein.[216]

Die Beispiele, die Hegel für den Analogieschluss liefert, sind von der geforderten Identität von Einzelheit und Allgemeinheit in der Vermittlung geprägt. Hegel nimmt in der Logik das Erde-Mond-Beispiel, dem folgende Form gegeben wird: Die Erde hat Bewohner; der Mond ist eine Erde; folglich …[217] Das Planetenbeispiel müsste heißen: Der Mars hat eine eliptische Bahn (1. Kepler'sches Gesetz); der neu entdeckte Neptun ist ein Mars (Planet); folglich … Ein weiteres Beispiel der hegelschen Form wäre: Der Esel hat Füße; der Strauß ist ein Esel (Landtier); folglich … Die empirischen Inhalte, die als Beispiel gegeben werden, sind nicht das Entscheidende. Es kommt nur auf die Form, d.h. auf das Verhältnis der Begriffselemente von Einzelheit, Allgemeinheit und Besonderheit an. Der medius terminus, die Mitte des Schlusses, ist eine Einzelheit (Erde) und zugleich ein Allgemeines (Himmelskörper). Der Schluss beruht darauf, dass zwei verschiedene Einzelne (Erde und Mond, Esel und Strauß, Mars und Neptun) unmittelbar gleich gesetzt werden (als Himmelskörper, Landtier, Planet). Vermutlich lassen sich unter dieser Restriktion der unmittelbaren Identität von Einzelheit und Allgemeinheit für den Analogieschluss nicht viele sinnvolle Beispiele empirischen Inhalts finden.

Die Ähnlichkeit, der in unserem Zusammenhang das eigentliche Interesse gilt, taucht nach Hegel nur in den empirischen Beispielen auf und zwar als eine äußerliche Bestimmung, die der inneren Natur der Objekte relativ fern ist. Zwar ist der Mond ein Himmelskörper *wie* die Erde und der Strauß ein Landtier *wie* der Esel, aber was der Strauß und der Mond sind, ist mit diesen Bestimmungen nur gestreift. Diese Äußerlichkeit ist in ihrem logischen Ausdruck die unvermittelte Identität von Einzelnem und Allgemeinem. In der sinnlichen Erfahrung ist sie die Ähnlichkeit, deren Vernunft, wie die *Enzyklopädie* sich

216 Vgl. ders.: Wissenschaft der Logik II, Werke 6, 391.

217 Vgl. ebda., 387.

ausdrückt, nur instinktiv, d.h. nicht selbstbewusst und nicht ausdrücklich auf das Allgemeine gerichtet ist.[218]

Umgekehrt ist die Ähnlichkeit an die sinnliche Erfahrung gebunden und, streng genommen, bei Hegel gar kein logischer Begriff. Was ihr am nächsten kommt oder zugrunde liegt, ist die Kategorie der Verschiedenheit, die als gleichgültiger oder äußerlicher Unterschied im Begriff des Wesens abgeleitet wird. Die Verschiedenheit ist gleichsam die Zellteilung des Wesens, das sich von sich unterscheidet, weil es sich negativ auf die Negation des Seins bezieht, die es selber ist. Der Unterschied ist beides, Identität und Unterschied, und somit Gesetztsein, Bestimmtheit, aber als Beziehung auf sich selbst.[219] Diese Unmittelbarkeit des Unterschieds ist eben die Verschiedenheit, die Gleichgültigkeit oder Äußerlichkeit des Unterschieds des sich Unterscheidenden vom Unterschiedenen als einem Anderen. Die Pointe besteht darin, dass das Unterschiedene selbst diese Unterscheidung ist. Ihre Äußerlichkeit ist Schein, weil sie dieselbe (nicht bloß die gleiche) Beziehung sind. Der Unterschied ist zunächst nur ein äußerlicher, weil er nur unmittelbar ist. In Wahrheit aber sind die Unterschiedenen eine identische Beziehung.

Wenn man die beiden Seiten des Unterschieds getrennt festhält, fällt er in ein Drittes, Vergleichendes, und ist damit äußerlich. „Dieser äußerliche Unterschied ist als Identität der Bezogenen die *Gleichheit*, als Nichtidentität die *Ungleichheit*."[220] Ähnlich können demnach nur Dinge sein, die als Ungleiche wesentlich gleich sind. Gleichheit und Ungleichheit sind die logisch entscheidenden Begriffe, deren Kern die Identität von Identität und Negation ist. Die Ähnlichkeit, die der sinnlichen Erfahrung unablösbar verhaftet bleibt, ist aus der Logik verbannt, weil diese nichts sein soll als der sich selbst tragende Zusammenhang reiner Gedanken, in diesem Fall: der Reflexionsbestimmungen, zu denen Gleichheit und Ungleichheit, Identität und Unterschied gehören. Der Zusammenhang ist ein immanentes Fortschreiten und dessen Motor ist die Identifikation entgegengesetzter Bestimmungen.

Die entscheidende Operation (die bei Hegel zugleich die Immanenz des logischen Zusammenhangs sichern muss) ist die Identität der Beziehung zweier Seiten, die jeweils die Identität und ihren Unterschied enthalten. Dieser differenzierte Vorrang der Identität führt zu der These, dass Verschiedenheit zum

218 Vgl. ders.: Enzyklopädie I, Werke 8, 343 (§ 190, Zusatz).

219 Vgl. ders., Logik II, Werke 6, 47.

220 Ders.: Enz. I, Werke 8, 240 (§ 117); vgl. Logik II, Werke 6, 49.

Gegensatz und zum Widerspruch fortgehen müsse.[221] Die Notwendigkeit des Fortgangs des Verschiedenen zur Entgegensetzung und damit zum Widerspruch ist selbst ein wesentliches Lehrstück der idealistischen Dialektik. Die unterschiedenen Seiten, die jeweils ihre eigene Bestimmtheit haben, sind gleichwohl nur in der Beziehung, die ihnen äußerlich zu sein scheint. Das Gleiche (die Identität mit sich) ist nur in der Beziehung zum Ungleichen, sie sind diese Beziehung und haben „außer ihr keine Bedeutung."[222] Da aber zugleich die verschiedene Bestimmtheit auf den beiden Seiten festgehalten werden muss, wird ihre Beziehung zu der des Ausschließens.

Die verschiedenen Bestimmtheiten sind damit das Positive und das Negative. Nur weil sie sie selbst sein sollen und nichts anderes, schließen sie sich wechselseitig in ein und derselben Beziehung aus. Diese ausschließende Beziehung der Gegensätze ist der Widerspruch. Beide Seiten haben jedoch das Moment des Unterschieds an sich selbst: sie sind Identität von Identität und Unterschied, haben das Entgegengesetzte an sich selbst und sind dadurch selbständig. Deshalb lässt sich der Widerspruch nicht dauerhaft fixieren, ist destruktiv, weil sich die Gegensätze von sich selber ausschließen und dabei zugrunde gehen; sie werden zunichte. Was bleibt, ist die sich ausschließende Beziehung selbst, „sich in sich bewegende Einheit"[223], die Mitte oder Vermittlung, die zu einer neuen Unmittelbarkeit gerinnt: dem Grund, in den die Gegensätze zurückgegangen sind.

Die hier abgekürzt dargestellte Begriffsbewegung von der Verschiedenheit über Gegensatz und Widerspruch in den Grund, ist so etwas wie das Scharnier der hegelschen, der idealistischen Dialektik. Hier löst sich jeder Gedanke eines Substrats, an dem sich die Begriffsbestimmungen entwickeln, in Nichts auf. Die Entwicklung ist zugleich die Apotheose des Widerspruchs, Garantie seiner Erhaltung und Absolutheit. Das Zugrundegehen des Widerspruchs ist wie seine Entstehung ewig. Die Verschiedenheit bleibt ein notwendiges Moment, aber für den Begriff gibt es nichts Verschiedenes. Sein außer-sich-Sein ist die Natur, in der die Mannigfaltigkeit des Verschiedenen Ausdruck von Ohnmacht ist.[224] Wie lässt sich diese beeindruckende Konstruktion destruieren? In der *Logik* selbst ist dies wohl am schwierigsten; möglich vielleicht nur an ihren Voraussetzungen

221 Vgl. Hegel: Vorlesungen zur Philosophie der Religion II, Werke 17, 352. Vgl. Verf.: Hegels objektive Vernunft. Kritik der Versöhnung, Springe 2020, 44–48.

222 Ders.: Logik II, Werke 6, 51.

223 Ders.: Logik I, Werke 5, 168.

224 Vgl. Enzyklopädie der philosophischen Wissenschaften Bd. II, Werke 9, 34 (§ 250); vgl. Logik II, Werke 6, 282 f.

und an ihrem Anfang, wo mit der Identität von Denken und Sein und dem Rückblick auf die *Phänomenologie* eingesetzt wird, und am Ende, wo die Methode thematisiert wird und das Gewaltsame der Identifizierung von Vermittlung (Beziehung) und Unmittelbarkeit (neue Stufe) greifbar wird. Historisch hat die Kritik der hegelschen Philosophie dort eingesetzt, wo sich ihre *Logik* in der Realphilosophie (v.a. in der Rechts- und Staatsphilosophie) betätigt hat und der Anspruch, in logischen Begriffen die Wesenheiten allen Seins erkannt zu haben, seine Glaubwürdigkeit verlor.[225]

225 Vgl. Verf.: Hegels objektive Vernunft, a.a.O., 3. Kapitel.

13 Identitätskritik. Konstellation und Kohärenz

Begriffliches Denken ist an Identifizierung gebunden. Deshalb hat Aristoteles den Satz des Widerspruchs auch gegenstandstheoretisch formuliert: "man kann gar nichts denken, wenn man nicht Eines denkt".[226] Das gilt, wie wir in den letzten Abschnitten gesehen haben, auch für die Analogie. Sie enthält ein notwendiges Moment der Identifizierung oder Gleichsetzung – in den zuletzt genannten Beispielen als Himmelskörper, Landtier, Planet. Das Problem bei Hegel besteht nicht darin, dass er die Identität behauptet – und auch nicht darin, dass er die Beziehung der Verglichenen thematisiert – sondern dass er sie als Identität der Beziehung des Ausschließens zum Absoluten erhebt.

Ebenfalls von Aristoteles stammt die Konzeption, dass begriffliche Identität mit einer Ausschließung einhergeht, die das Sinnliche als das Fremde aus dem Denken verbannt. Zwar werden dem Geist (νοῦς/nous) die Dinge nur durch die Sinne zugeführt,[227] um aber ihr Wesen zu begreifen, muss er vom Einzelnen und Sinnlichen abstrahieren; er muss ihm als einem Fremden den Weg versperren.[228] Wissenschaftliche Erkenntnis hat es nur mit dem Begriff, dem Allgemeinen, nicht mit dem Einzelnen zu tun.[229] Die philosophische Einsicht, dass das Allgemeine nicht in einer getrennt existierenden Idee, sondern nur im Einzelnen existieren kann – nämlich als dessen Anordnung zu einem Ganzen – ist selbst eine allgemeine Einsicht, die der Wissenschaft vom Seienden als solchen, der Ontologie.

Die These, dass Wissen es nur mit dem Begriff bzw. den Dingen zu tun hat, sofern sie mit dem Allgemeinen des Begriffs identisch sind, hat sich philosophiegeschichtlich durchgesetzt, war aber nie unbestritten. Unter dem Titel einer „skeptischen Kritik der Erkenntnis" referiert Ernst Cassirer die Position des Renaissance-Philosophen Campanella:

226 Aristoteles: Metaphysik I–VI, gr.-dt., übs. von H. Bonitz, hg. von H. Seidl, Hamburg 1982, 1006 b 10 (Buch IV, Kap. 4, 141).

227 Aristoteles: Lehre vom Beweis oder Zweite Analytik, übs. von J.H. von Kirchmann, Hamburg 1976, 81 a–81 b (Buch I, Kap. 18, 38 f.).

228 Ders.: Über die Seele, gr-dt., übs. von G. Krapinger, Stuttgart 2011, 429 a 20 (Buch II, Kap. 4, 149).

229 Vgl. ders.: Metaphysik VII–XIV, gr-dt. übs. von H. Bonitz, hg. von H. Seidl, Hamburg 1984, 1040 a (Buch VII, Kap. 15, 67).

„Der abstrakte Allgemeinbegriff (...) , dem man die Einsicht in das ‚Wesen' der Dinge zuzutrauen pflegt, ist hierzu seinem Ursprung und seiner Anleitung nach unvermögend. Wer nur die ‚Wesenheit' des Menschen, wer also nur die allgemeinen Züge und Merkmale kennt, die allen Individuen der Gattung gleichmäßig zukommen, dem ist damit der Einblick in die Varietäten und Besonderungen, die erst das wirkliche Sein von Diesem oder Jenem ausmachen, verschlossen. Hier enthüllt sich uns eine innere Antinomie, zu der alles menschliche Erkennen uns notwendig immer von neuem zurückführt. ‚Erkennen' heißt für uns eine unendliche Mannigfaltigkeit von Einzeleindrücken und Einzelfällen in eine abgekürzte Formel zusammenzufassen; wer aber versichert uns, daß bei dieser notwendigen Arbeit der ‚Abstraktion' nicht gerade die wesentlichen Momente des Falles übersehen und geopfert werden?"[230]

Adornos Erkenntnisproblem ist dem von Cassirer dargestellten durchaus ähnlich, auch wenn es wesentlich breiter gestellt ist und mit psychologisch-wahrnehmungstheoretischen und gesellschaftskritischen Überlegungen angereichert wird. Das Einzelne ist für Adorno „ineffabile",[231] unaussprechlich, wie für Hegel in der Kritik der sinnlichen Gewissheit am Anfang der *Phänomenologie.* Es darf jedoch in den einzelnen Begriff, seinem Allgemeinen nicht aufgelöst werden. Sein Verhältnis zum Begriff ist nicht das der Identität, sondern eines der Ähnlichkeit, das die Nichtidentität, die Verschiedenheit mit bedeutet. Das Einzelne lässt sich aus dem Begriff nicht ableiten, aber es ist auch nicht ein

230 Ernst Cassirer: Das Erkenntnisproblem in der Philosophie und Wissenschaft der neueren Zeit, 1. Bd. (1922), Darmstadt 1994, 245 f. – Selbst Hegels beißende Polemik gegen den philosophischen Schriftsteller Wilhelm Traugott Krug, der offenkundig nicht in seiner Liga gespielt hat, leugnet nicht das Problem, das die Einzelheit für den philosophischen Begriff darstellt. Gegen Krugs Forderung, die Philosophie (Fichtes und Schellings) möge versuchen, auch nur seine Schreibfeder zu deduzieren, macht Hegel im Kern geltend, dass dies kein würdiger Gegenstand für Philosophen sei. Historische Individualitäten wie Cäsar, Alexander und Cicero, aber auch biologische Arten wie Pferd oder kosmische Individualitäten wie die einzelnen Körper des Sonnensystems, die von Krug ebenfalls ins Feld geführt werden, sind hingegen von Hegel zugelassene Gegenstände, d.h. philosophisch integrierbar. Vgl. Hegel: Wie der gemeine Menschenverstand die Philosophie nehme – dargestellt an den Werken des Herrn Krug, Werke 2, 188–207. Insgesamt kann man sich des Eindrucks nicht erwehren, dass Hegel sich deshalb mit solchem Ingrimm (sechsmal auf 2 Seiten) auf Krugs Schreibfeder stürzt, weil er dem Skandal der Individualität ausweichen oder von ihm ablenken möchte. – Auch Adorno hat sich kritisch zu dem Text Hegels geäußert. „Hegels geringschätzige Äußerung über das kontingente Dasein, die Krugsche Feder, welche Philosophie aus sich zu deduzieren verschmähen dürfe und müsse, ist ein Haltet den Dieb. Indem die Hegelsche Logik immer schon es mit dem Medium des Begriffs zu tun hat und auf das Verhältnis des Begriffs zu seinem Inhalt, dem Nichtbegrifflichen, selber nur allgemein reflektiert, ist sie der Absolutheit des Begriffs, welche sie zu beweisen sich anheischig macht, vorher schon sicher." Negative Dialektik, AGS 6, 49.

231 Adorno: Negative Dialektik, AGS 6, 148.

begriffsloses Letztes, vor dem man resignieren müsste.[232] Vielmehr ist es in sich, wie Adorno in sachlicher Übereinstimmung mit Aristoteles formuliert, in seinem „Inneren" vermittelt, ist ein in sich Allgemeines;[233] es kann durch eine Mehrzahl von Begriffen, die diese Vermittlung aufschließen, erkannt werden.

Adorno hat uns selbst ein Beispiel gegeben, an dem sich das Theorem der Nichtidentität diskutieren ließe: „Das Urteil, jemand sei ein freier Mann, bezieht sich, emphatisch gedacht, auf den Begriff der Freiheit. Der ist jedoch seinerseits ebensowohl mehr, als was von jenem Mann prädiziert wird, wie jener Mann, durch andere Bestimmungen, mehr ist denn der Begriff seiner Freiheit."[234] Das Beispiel soll verdeutlichen, dass weder Begriff noch das Einzelne, auf die Identität festgenagelt werden können. Das Allgemeine des Begriffs bedeutet mehr als alle seine empirischen Anwendungen; es enthält ein normatives Moment, das noch realisiert werden muss. Und der Einzelne ist mehr als jeder Begriff, z.B. der des freien Lohnarbeiters im Gegensatz zum Sklaven, von ihm prädizieren könnte.

Der Versuch, dieses Mehr, das Nichtidentische nicht dieses oder jenes Begriffs, sondern des begrifflichen Denkens selbst zu erkennen und darzustellen, wird mit dem Begriff der Konstellation ausgedrückt, dessen Gehalt uns aus der benjaminschen Mimesistheorie bekannt ist.

> „Konstellationen allein repräsentieren von außen, was der Begriff im Innern weggeschnitten hat, das Mehr, das er sein will so sehr, wie er es nicht sein kann. Indem die Begriffe um die zu erkennende Sache sich versammeln, bestimmen sie potentiell deren Inneres, erreichen denkend, was Denken notwendig aus sich ausmerzte."[235]

Konstellatives Denken ist nicht bloß eine Option, sondern ein Erfordernis. „Nur Begriffe können vollbringen, was der Begriff verhindert. Erkenntnis ist ein τρώσας ἰάσεται [trōsas iasetai]." Das Verletzende heilt.[236]

Im konstellativen Denken geht es nicht um eine möglichst vollkommene Repräsentation aller Aspekte, sondern um das, was man die mimetische Reflexion

232 Vgl. ebda., 164, 163.

233 Vgl. ebda., 164.

234 Ebda., 153. Vgl. zur sozialphilosophischen Dimension des modernen Individualitätsbegriffs Verf.: Das Individuum im Widerspruch. Zur Theoriegeschichte des modernen Individualismus, Berlin 2006.

235 Adorno, AGS 6, 164 f.

236 Ebda., 62.

nennen könnte. Sie ist aufmerksam auf den sprachlichen Ausdruck, das, was im Laut mitschwingt, und damit auf die Ähnlichkeit zwischen dem Gegenstand und dem Subjekt, das sonst bewusstlos und automatisiert die Welt mit seinen Begriffen überzieht. Durch die Konstellation von Begriffen, soll eine Anähnlichung an die Gegenstände vollzogen werden, die ihrem Nichtidentischen gerecht wird. Wenn es richtig ist, dass nur Ähnliches das Ähnliche erkennen kann,[237] dann muss die Differenz in der Ähnlichkeit mitgedacht werden, die das sich Vergleichende zu einem Verschiedenen, aber Verwandten macht.

> „Traditionelle Philosophie wähnt, das Unähnliche zu erkennen, indem sie es sich ähnlich macht, während sie damit eigentlich nur sich selbst erkennt. Idee einer veränderten wäre es, des Ähnlichen innezuwerden, indem sie es als das ihr Unähnliche bestimmt."[238]

Das Ineinander von Ähnlichkeit und Nichtidentität konstituiert den Wahrheitsbegriff der Affinität.[239] Wörtlich übersetzt geht es um Verwandtschaft und Angrenzung, was im Ähnlichkeitsdenken der Renaissance mit dem Begriff der Contiguität zu belegen wäre. (Vgl. Abschnitt 5) Es schwingt aber auch schon der Begriff der Abstammung mit, das geschichtliche Moment, durch das wir uns, obwohl im Denken und Tun der Natur auch gegenüber gestellt, als abkünftig und als Naturwesen verstehen können. Ob dieser Begriff der Affinität als Alternative zum Wahrheitsbegriff der Adäquatio rei et intellectus verstanden werden muss – der wörtliche Sinn von Adäquatio als „Angleichung" ist immerhin noch verschieden von bloßer Identität – sei dahingestellt. Entscheidend ist die Reflexion auf die Naturverflochtenheit des erkennenden Subjekts selbst, die „Selbstbesinnung der Natur in den Subjekten".[240] Sie vollzieht sich im Innewerden der eigenen Objekthaftigkeit, des Einwirkens von äußeren Kräften, aber auch der eigenen Projektionen und Antriebe, nicht zuletzt des Antriebs der Selbsterhaltung und des mimetischen Impulses: „Alles Geistige ist modifiziert leibhafter Impuls".[241]

Dass der Wahrheitsbegriff der Affinität letztlich konjunktivisch bleibt,[242] offenbart seine utopische Dimension. Er ist Antwort auf die Frage, wie eine

237 Vgl. ebda., 267.

238 Ebda., 153.

239 Vgl. ebda., 266 f.

240 Ebda., 389 f.

241 Ebda., 202.

242 Vgl. ebda., 357.

Erkenntnis auszusehen hätte, die jenseits der verdinglichten Begriffsapparate steht. Diese Frage ist unvermeidlich und ihre Antwort ist auf Zukunft gerichtet. Deshalb spricht Adorno von der „Utopie der Erkenntnis". „Die Utopie der Erkenntnis wäre, das Begriffslose mit Begriffen aufzutun, ohne es ihnen gleichzumachen."[243] „Erkenntnis, die den Inhalt will, will die Utopie."[244] Demnach muss die begriffliche Anstrengung geleitet werden von dem, was durch die Begriffe verdeckt wird und zu heben wäre. Verschüttet ist die „Kohärenz des Nichtidentischen", die „Verflochtenheit" des Seienden.[245] Ähnlichkeit und Kohärenz sind ineinander verzahnt. So enthält die *Negative Dialektik* mit dem utopischen auch ein ontologisches Moment,[246] das die objektive „Kommunikation des Unterschiedenen" meint.[247]

Bedeutet die Utopisierung der Erkenntnis, dass Konsequenzen aus den erkenntnistheoretischen Überlegungen vertagt werden können auf jene heute unabsehbare Zukunft, in der Klassenspaltung und Warenproduktion einmal der Vergangenheit angehören könnten? Das ist mit Sicherheit nicht gemeint. Gleichwohl ist es schwer, den genauen Status dieser Überlegungen zu bestimmen. Sie sind „Methode in der Gestalt allgemeiner Reflexionen";[248] reflektiert wird das Verfahren konkreter Untersuchungen zu geistigen Produktionen oder auch zu gesellschaftstheoretischen Fragen. Aber es geht bei jenen Verfahren nicht um Operationen, die an einem präparierten Material schematisch zu vollziehen wären, sondern um die Betätigung von Kategorien wie Identität, Verschiedenheit, Widerspruch und Ähnlichkeit. Eine Zusammenstellung von Regeln, wie etwa in Descartes *Discours de la Methode*, ist nicht intendiert. Am ehesten handelt es sich, um Adornos eigene Worte zu gebrauchen, um ein Auf-den-Tisch-Legen der Karten, d.h. um die Explikation dessen, was dem Verfahren des Verfassers in seinen essayistischen Arbeiten theoretisch zugrunde liegt. Tatsächlich wird die Form des Essays, der Adorno eine aufschlussreiche Arbeit gewidmet hat, mit fast den gleichen Worten charakterisiert, die er auch in der *Negativen Dialektik* verwendet, um das erkenntnisleitende Interesse anzugeben. Ziel des Essays sei, „mit Begriffen auf[zu]sprengen, was in Begriffe nicht eingeht".[249]

243 Ebda., 21.

244 Ebda., 66.

245 Ebda., 36, 112.

246 Vgl. ebda., 186.

247 Adorno: Zu Subjekt und Objekt, AGS 10, 741–758, 743.

248 Ders.: Negative Dialektik, AGS 6, 58.

249 Ders.: Der Essay als Form, AGS 11, 9–33, 32. Vgl. Negative Dialektik, AGS 6, 21.

14 Ein ontologisches Moment. Historische und natürliche Korrespondenzen

Die methodische Anweisung objektiver Vernunft wird von Adorno im „Vorrang des Objekts" zusammengefasst. In diesem Zusammenhang und mit Blick auf Kant wird ein „ontologisches Moment" ins Spiel gebracht, das schon in der Auseinandersetzung mit Heidegger erkennbar war. Ontologisch sind der Tradition zufolge Aussagen über das Seiende im Allgemeinen; Adorno hat sie nicht vermieden:

> „Weil nichts Seiendes ist, das nicht, indem es bestimmt wird und sich selbst bestimmt, eines anderen bedürfte, das nicht es selber ist – denn durch es selbst allein wäre es nicht zu bestimmen – weist es über sich hinaus. Vermittlung ist dafür nur ein andres Wort." Und wenig später: „Was im Wort Sein, gegenüber ta onta [den Seienden] nachhallt: daß es mehr sei, als es ist, meint Verflochtenheit, kein ihr Transzendentes."[250]

Entscheidend ist für Adorno, dass der Vorrang der Gegenstände nicht als etwas verstanden wird, was gegen die subjektive Vermittlung im Erkenntnisakt unmittelbar behauptet werden kann. Vielmehr ist das ontologische Moment vermittelt durch die Reflexion auf den Trug des Primats eines real setzenden, konstitutiven Erkenntnissubjekts.

> „Soweit bedarf es eines ontologischen Moments, wie Ontologie kritisch dem Subjekt die bündig konstitutive Rolle aberkennt, ohne daß doch das Subjekt durchs Objekt gleichwie in zweiter Unmittelbarkeit substituiert würde. Einzig subjektiver Reflexion, und der aufs Subjekt, ist der Vorrang des Objekts erreichbar."[251]

250 Ders.: Negative Dialektik, AGS 6, 109 und 112.

251 Ebda., 186.

Die konstitutiven Leistungen werden als notwendige Projektionen durchschaut, ihre Verabsolutierung und die dadurch mögliche Verzerrung der Objekte wird durch eine solche Reflexion verhindert.

Es gibt aber noch ein zweites Moment, das einem ontologischen Dogmatismus entgegenwirkt. Es ist das historische – oder vielmehr: Geschichte ist die Form der Reflexion, in der die subjektive Reflexion auf die an die Gegenstände herangetragenen Begriffe und Anschauungen in zweiter Potenz reflektiert wird. Traditionelle Ontologie, die neben der Theologie die Metaphysik ausmachte, war auf die Bestimmungen gerichtet, die als immer währende gedacht waren. Transzendentalphilosophie führt in erster Reflexion die immer gültige Notwendigkeit apriorischer Sätze auf subjektive Konstitutionsleistungen zurück. Diese Kritik wird in kritischer Theorie erneut reflektiert. Die apriorischen Urteilsfunktionen, Kategorien und Anschauungsformen lassen einen historischen Gehalt erkennen. In diesem Sinne vollzieht die kritische Theorie die Verzeitlichung metaphysischer Grundbegriffe – nicht zuletzt des Form- oder Artbegriffs – die für die Säkularisierung der Metaphysik maßgebend ist.[252]

Im konstellativen Denken soll die „implizite Geschichte“ des Gegenstands freigesetzt werden, denn „reale Geschichte“ sei „im Kern alles dessen aufgespeichert (...) was zu erkennen ist.“[253] Reale Geschichte ist vormenschliche Naturgeschichte und menschliche Geschichte im Sinne des zielbewussten Handelns, das mit Natur als Schauplatz wie als Gegenstand der Veränderung verflochten bleibt. Wenn die Begriffe der Natur- wie der Geschichtserkenntnis selber jenem Handlungskontext angehören (was insbesondere Horkheimer in den Aufsätzen aus der *Zeitschrift für Sozialforschung* nicht müde wird, zu betonen), dann bedeutet dies: Nicht nur die Begriffe treten in Konstellation zur gemeinsamen Erschließung eines Gegenstands, sondern der Gegenstand selbst tritt damit in Konstellation zum erkennenden Subjekt. Das ist in Benjamins Begriff des historischen Augenblicks die Grundidee, die schon im Begriff des Aufblitzens von Ähnlichkeiten gelegen war. (Vgl. 1. Abschnitt) In dieser Metapher kam in einem Zeitbegriff zum Ausdruck, dass Ähnlichkeit eine dreistellige Relation ist: zwischen Gegenständen und dem Subjekt, das den Begriff, auf den die Ähnlichkeit bezogen ist, heraushebt. Den Thesen zum *Begriff der Geschichte* zufolge ist es „ein unwiederbringliches Bild der Vergangenheit, das mit jeder Gegenwart zu

252 Von ausschlaggebender Bedeutung ist die Verzeitlichung der Begriffe in der Biologie, die zu den aufregendsten Einschnitten der Wissenschaftsgeschichte gehört. Vgl. neben den Büchern von Lovejoy und Foucault den Aufsatz von Jean-Marc Drouin: Von Linné zu Darwin: Die Forschungsreisen der Naturhistoriker, in: 569–595Michel Serres (Hg.) Elemente einer Geschichte der Wissenschaften (frz. 1989), Frankfurt am Main 1994, 569–595.

253 Adorno: Negative Dialektik, AGS 6, 62 und 135.

verschwinden droht, die sich nicht als in ihm gemeint erkannte."[254] Dieses singuläre Meinen ist eine Ähnlichkeit, eine Entsprechung, eine Korrespondenz, die durch Gefährdung gestiftet wird. Wir sind erwartet worden.

> „Vergangenes historisch zu artikulieren heißt nicht, es erkennen, >wie es denn eigentlich gewesen ist<. Es heißt, sich einer Erinnerung bemächtigen, wie sie im Augenblick einer Gefahr aufblitzt. Dem historischen Materialismus geht es darum, ein Bild der Vergangenheit festzuhalten, wie es sich im Augenblick der Gefahr dem historischen Subjekt unversehens einstellt."[255]

Niemand, der Ende der sechziger und Anfang er siebziger Jahre des letzten Jahrhunderts an der Protestbewegung teilnahm und diese Zeilen gekannt hat, konnte an ihrer Aktualität zweifeln. Was im Angesicht von Notstandsgesetzgebung, rechtsradikaler Erfolge und Vietnam-Krieg aufblitzte, war die Tradition der revolutionären Arbeiterbewegung, die durch den fast vollständigen Sieg des Faschismus in Deutschland im Westen verschüttet war. In der Arbeiterbewegung selbst war, wie die Selbstbenennung der radikalen Kriegsgegner um Liebknecht und Luxemburg als „Spartakusbund" deutlich machte, das Bewusstsein heimisch, für die Befreiung „im Namen von Generationen Geschlagener" zu kämpfen.[256] Mittlerweile hat sich das Kontinuum der Geschichte – trotz bisweilen tapferer Gegenwehr, zu der die unteren Klassen noch fähig sind – wieder geschlossen, aber für die erkenntnistheoretische Reflexion, gerade in ihrer Adorno'schen Gestalt, bleiben die Thesen Benjamins paradigmatisch.

> „Der Historismus begnügt sich damit, einen Kausalnexus von verschiedenen Momenten der Geschichte zu etablieren. Aber kein Tatbestand ist als Ursache eben darum bereits ein historischer. Er ward es, posthum, durch Begebenheiten, die durch Jahrtausende von ihm getrennt sein mögen. Der Historiker, der davon ausgeht, hört auf, sich die Abfolge der Begebenheiten durch die Finger laufen zu lassen wie einen Rosenkranz. Er erfaßt die Konstellation, in die seine eigene Epoche mit einer ganz bestimmten früheren getreten ist. Er begründet so einen Begriff der

254 Walter Benjamin: Über den Begriff der Geschichte, BGS I, Frankfurt am Main 1974, 691–704, 695, 5. These.

255 Ebda., 6. These.

256 Ebda., 700, 12. These

> Gegenwart als der »Jetztzeit«, in welcher Splitter der messianischen eingesprengt sind.“ [257]

Es ist schwer zu sagen, wie sich die Überlegungen zur Erfassung und Darstellung von Konstellationen auf die Erkenntnisse der Natur als vormenschlicher Geschichte und umgreifenden Zusammenhangs des Gattungslebens auswirken können. Immerhin sieht Adorno das begriffskritische Moment, das Voraussetzung für die Schaffung der Konstellationen ist, in den Naturwissenschaften des 20. Jahrhunderts selbst am Werk.

> „Ihre Entwicklung seit Einstein hat mit theoretischer Stringenz das Gefängnis der Anschauung sowohl wie der subjektiven Apriorität von Raum, Zeit und Kausalität gesprengt. Die (...) subjektive Erfahrung spricht, mit der Möglichkeit solchen Ausbruchs, für den Vorrang des Objekts und gegen ihre eigene Allmacht. Sie wendet, ungewollt dialektischen Geistes, die subjektive Beobachtung wider die Lehre von den subjektiven Konstituentien.“[258]

Gedacht ist offenbar an die Kopenhagener Deutung der Quantenphysik, wie einer der spätesten Texte Adornos vermuten lässt:

> „Für den Vorrang des Objekts spricht wohl ein mit Kants Konstitutionslehre Unvereinbares: daß die ratio in den modernen Naturwissenschaften über die Mauer blickt, die sie selbst errichtet; ein Zipfelchen dessen erhascht, was mit ihren eingeschliffenen Kategorien nicht übereinkommt. Solche Erweiterung der ratio erschüttert den Subjektivismus.“[259]

Was unter den Begriffsnetzen, mit denen der menschliche Verstand die Natur überzieht, zu heben wäre, ist eine „objektive Kommunikation“. Die Kohärenz des Nichtidentischen wäre demnach eine Mitteilung von Dingen untereinander und mit den Menschen.

> „Wäre Spekulation über den Stand der Versöhnung erlaubt, so ließe in ihm weder die ununterschiedene Einheit von Subjekt und Objekt noch

257 Ebda., 704, These A.

258 Adorno: Negative Dialektik, AGS 6, 188 f.

259 Ders.: Zu Subjekt und Objekt, AGS 10.2, 741–758, 748.

ihre feindselige Antithetik sich vorstellen; eher die Kommunikation des Unterschiedenen. Dann erst käme der Begriff von Kommunikation, als objektiver, an seine Stelle. Der gegenwärtige ist so schmählich, weil er das Beste, das Potential eines Einverständnisses von Menschen und Dingen, an die Mitteilung zwischen Subjekten nach den Erfordernissen subjektiver Vernunft verrät."[260]

Wieder erhebt sich die Frage, wie eine solche utopische Dimension in gegenwärtiger Erkenntnis – des Denkens unter Bedingungen der Verdinglichung und Naturbeherrschung – wirksam sein könnte.[261] Neben der ebenso richtigen wie routinierten Antwort, es käme eben auf jene kritische Reflexion der subjektivistischen Begriffe an, wären die gedanklichen Voraussetzungen der Perspektive zu durchdenken, in der Kritik allein lebendig zu sein vermag. Die erste Adresse ist wiederum Walter Benjamin, nämlich sein, zu Lebzeiten unveröffentlichter, Aufsatz *Über Sprache überhaupt und über die Sprache des Menschen* von 1916.

Wie schon die im ersten Abschnitt herangezogene Arbeit *Die Aufgabe des Übersetzers* gezeigt hat, sind die frühen sprachphilosophischen Arbeiten Benjamins theologisch begründet. Im Aufsatz von 1916 wird das Genesiskapitel der Bibel herangezogen, weil in ihm „die Sprache als eine letzte, nur in ihrer Entfaltung zu betrachtende, unerklärliche und mystische Wirklichkeit vorausgesetzt wird."[262] Theologie liefert die Fundamente einer Sprachanschauung, der zufolge das geistige Wesen des Menschen in der Benennung der Dinge besteht: „Der Mensch ist der Erkennende derselben Sprache, in der Gott Schöpfer ist."[263] Dies gilt für die paradiesische Sprache, die mit der Sprachenvielfalt als Strafe für die Hybris des Turmbaus verloren gegangen ist.[264] Interessant für unseren Zusammenhang ist das Theorem einer Sprache der Dinge, welche in der menschlichen Sprache erkennbar werden. Sprache ist Mitteilung des geistigen Wesens. „Die Sprachen der Dinge sind unvollkommen, und sie sind stumm. Den Dingen ist das reine sprachliche Formprinzip – der Laut [man muss ergänzen: der artikulierte Laut/HES] – versagt. Sie können sich nur durch eine mehr oder minder

260 Ebda., 743.

261 Zum Begriff der Verdinglichung vgl. Verf.: Wissenschaft als soziale Wirklichkeit und geistiges Prinzip. Im Anschluss an Horkheimer, in: M. Städtler (Hg.): Kritik und System. Erkenntnistheoretische Grundlagen kritischer Theorie, Springe 2020, 88–102, 91 ff.

262 Benjamin: Über Sprache, BGS II, 147.

263 Ebda., 149.

264 Für Benjamin ist die Einheit der menschlichen Sprache schon durch die Vertreibung aus dem Paradies verloren. Vgl. ebda., 152.

stoffliche Gemeinschaft einander mitteilen (...) sie ist magisch".[265] In der stofflichen Gemeinschaft der Dinge kann ihr Wesen – wie auch in der menschlichen Sprache – immer nur unvollkommen mitgeteilt werden – es bleibt ein Moment der Nichtidentität. Die stoffliche Gemeinschaft wird von Benjamin einer Postenkette verglichen: „Die Sprache der Natur ist einer geheimen Losung zu vergleichen, die jeder Posten dem nächsten in seiner eigenen Sprache weitergibt, der Inhalt der Losung aber ist die Sprache des Postens selbst."[266] Die Anklänge an die Ähnlichkeiten der Renaissance sind unverkennbar.

Benjamin spricht nicht von der Affinität der Dinge, aber es ist unschwer zu erkennen, dass im Motiv der Postenkette ein ähnlicher Gedanke vorliegt wie der, den Kant mit dem „Gesetz der Affinität" zum Ausdruck gebracht hat. Affinität ist bei Kant, der sich auf seinen Zeitgenossen Bonnet und auf Leibniz beruft, ein regulatives Prinzip der Naturerkenntnis. Es unterstellt „einen continuirlichen Übergang von einer jeden Art zu jeder anderen durch stufenweises Wachsthum der Verschiedenheit".[267] Es handelt sich um eine Variation des auf Platon zurückgehenden Gedankens einer „Kette der Wesen", den wir bereits erwähnt haben. (Vgl. 5. Abschnitt) Bei Kant wird aus einem ontologischen Dogma eine Annahme, die es erlaubt, „nach einem solchen Princip Ordnung in der Natur aufzusuchen".[268] Adornos Wiederaufnahme des Affinitätsbegriffs nimmt die von Kant vollzogene Subjektivierung zum methodischen Prinzip zurück, erhält ihm aber eine erkenntnistheoretische Bedeutung, ohne dass er an die Behauptung von Kontinuität gefesselt bliebe.

Auf der Suche nach weiteren philosophiegeschichtlichen Entsprechungen zum Denken der Kohärenz und Korrespondenz in der kritischen Theorie sind uns bereits Platon und die Philosophie der Renaissance begegnet. Erwähnung verdient zudem die Philosophie der Stoa, deren Ideal der Apathie von Horkheimer und Adorno abgelehnt wird.[269] Jedoch ist ihr Sprachbegriff auf Ähnlichkeit fundiert[270] und die Einheit des Menschengeschlechts begründet Cicero mit dem bemerkenswerten Satz, dass „niemand sich selbst so ähnlich wäre wie jeder Einzelne jedem anderen", wenn es keine falschen Gewohnheiten und Vorurteile mehr gäbe.[271] Der Naturbegriff der Stoa „begründet die Interdependenz und

265 Ebda., 147.

266 Ebda. 157.

267 Kant: Kritik der reinen Vernunft, a.a.O., 435.

268 Ebda., 442.

269 Vgl. Horkheimer/Adorno: Dialektik der Aufklärung, a.a. O., 103, 110 (HGS 5, 119, 126).

270 Vgl. Stoa und Stoiker Bd. 1, übs. von Rainer Nickel, Düsseldorf 2008, 123 f. (Nr. 123,124).

271 Cicero in: Stoa und Stoiker Bd. 1, a.a.O., 727 f. (Nr. 675).

Kommunikation aller Teile (=sympatheia)“ im Kosmos.[272] Dass die An-sich-Bestimmtheit der Natur in Ähnlichkeit und Kohärenz gesehen wird, wäre nicht möglich ohne Kritik des platonischen Universalienrealsimus, von der der Neuplatoniker Simplicius (5. Jh. n. Chr.) berichtet: „Die Stoiker heben die Existenz des Allgemeinen auf und meinen, dass es ausschließlich in den Einzeldingen vorhanden sei; sie vertreten die Auffassung, dass es nirgendwo für sich besteht.“[273] Die Lehren der älteren (Zenon, Chrysipp u.a. im 3.Jh. v.u.Z.) und der mittleren Stoa (Panaitios, Poseidonius u.a. im 2. und 1. Jh. v.u.Z.) sind uns nur durch Fragmente und meist aus Schriften späterer Autoren bekannt. Eine der Hauptquellen für die Naturlehre ist *De natura deorum* von Cicero, mit dem die jüngere, lateinische Stoa beginnt. Ihm zufolge zeigt der Kosmos eine „eindrucksvoll übereinstimmende, zusammenhängende und kontinuierliche Verwandtschaft (cognatio) der Dinge“. Eines der Beispiele für die Cognatio sind „die Gezeiten der Meere und der Meerengen beim Auf- und Untergehen des Modes“.[274]

Die stoischen „Sympathien“ lassen sich auch in der modernen Naturwissenschaft wiederfinden. Nach Schlosser und Cierny haben die kosmischen Rhythmen Tag und Nacht, Ebbe und Flut, Vollmond und Neumond, sowie der Jahreszeiten „die einzelne Zelle bis hin zu ihrer chemischen Feinstruktur geprägt (...) hier also dürfte die Wurzel der periodischen Veränderungen in der belebten Natur liegen, aller inneren Uhren, vom Schwarmverhalten des Palolowurms bis zum Afrikaflug der Störche.“[275] Die Autoren führen ferner die auf die Sonnenrichtung bezogenen Informationstänze der Bienen, das Heimfindevermögen einer Wüstenameise und die Orientierungssysteme verschiedener Vogelarten an, die sich keineswegs nur auf den Sonnenstand beschränken, sondern z.B. Magnetfelder, Sternbilder und Infraschall einbeziehen würden.[276]

272 Maximilian Forschner: Die Philosophie der Stoa, Darmstadt 2018, 117.

273 Simplicius in: Stoa und Stoiker Bd. 1, a.a.O., 199 (Nr. 226).

274 Cicero: De natura deorum/Über das Wesen der Götter, übs. von U. Blank-Sangmeister, Stuttgart 2011, 135 (II,19).

275 Schlosser, Wolfhard/Jan Cierny: Sterne und Steine. Eine praktische Astronomie der Vorzeit, Darmstadt 1996, 14.

276 Besonders eindrucksvoll ist das Schwarmverhalten des im Meere lebenden Palolowurms (die Rede ist von Palolo viridis und Palolo veralis, die vor Samoa und den Fidschi-Inseln beheimatet sind), wobei es sich um die genau datierbare Bildung von Schwärmen von Keimzellen beiderlei Geschlechts handelt, die von den Würmern abgestoßen werden. „Der Zeitpunkt ist das letzte Mondviertel, einen Monat nach der Frühlingstag- und nachtgleiche. (...) Unterhalb des Äquators vertauschen sich die Jahreszeiten, so daß seine [des Wurmes] Schwarmzeit also in die Monate Oktober/November fällt. Wie er diesen Zeitpunkt bestimmt, ist nicht genau bekannt. Die Mondphasen wird er wohl nicht beobachten können, denn er lebt unter Wasser im Korallenkalk. Man darf annehmen, daß die von Sonne und Mondphase gleichermaßen beeinflußten Gezeiten sein Verhalten bestimmen.“ (ebda.)

Unter den großen Naturforschern der Neuzeit ist es Alexander von Humboldt, der die Zusammenhänge zwischen den verschiedensten Teilen der Natur, einschließlich des Menschen und seiner Handlungen, betont. „In der großen Verkettung der Ursachen und Wirkungen darf kein Stoff, keine Tätigkeit isoliert betrachtet werden."[277] Humboldt betreibt „Ökologie", bevor Ernst Häckel, der ihn bewunderte, den Terminus schuf. So weist Humboldt auf die Veränderung von Landschaft und Klima durch die exzessive Nutzung des Wassers im Tal des Valenciasees (im heutigen Venezuela) hin.[278] Sein Alterswerk hieß *Kosmos. Entwurf einer physischen Weltbeschreibung* und erschien in fünf Bänden zwischen 1845 und 1862. Man kann sich gut vorstellen, dass sie in den Bücherregalen bildungsbürgerlicher Familien wie der Benjamins und Wiesengrunds gestanden haben. Humboldts Grundidee bestand darin, den emotionalen Natureindruck mit quantitativen Verhältnisbestimmungen in Naturgesetzen und qualitativen Beobachtungen zu verbinden. „Hauptziel unseres Bestrebens" ist die „Ansicht des Naturganzen".[279] In der Biologie hängt Humboldt der alten Vorstellung von der „Kette der Wesen" an:

> „Pflanzen- und Tiergebilde, die lange isoliert erschienen, reihen sich durch neu entdeckte Mittelglieder oder durch Übergangsformen aneinander. Eine allgemeine Verkettung nicht in einfacher linearer Richtung, sondern in netzartig verschlungenem Gewebe" stellt „sich allmählich dem forschenden Natursinn dar."[280]

277 Alexander von Humboldt, Ideen zu Geographie der Pflanzen (1807), in: Schriften zur Geographie der Pflanzen, hg. von H. Beck, Darmstadt 2008, 43–161, 70.

278 Vgl. Andrea Wulf: Alexander von Humboldt und die Erfindung der Natur, München 2018, 84. Leider ist niemandem von den mit der Produktion dieses schönen Buches Beschäftigten aufgefallen, dass die technokratische Sprache des Titels (im Englischen wie im Deutschen) seinen ökologischen Intentionen widerspricht.

279 Alexander von Humboldt: Kosmos. Entwurf einer physischen Weltbeschreibung, Werke VII.1, Darmstadt 2008 (2. A.), 40.

280 Ebda., 37.

15 Politik der Ähnlichkeit?

Wir haben auf den vorausliegenden Seiten einige Ähnlichkeits-Konzepte zusammengestellt, die Benjamins Hypothese, dass mimetische Verhaltensweisen in den höchsten geistigen Funktionen des Menschen betätigt werden, bestätigen können. Es ging um Modelle der Kohärenz und Konstellation, der historischen und natürlichen Korrespondenzen. Die Bekanntschaft mit früheren analogischen Sichtweisen könnte, so die leitende Hoffnung unserer Darstellung, die Haltung zur Natur so beeinflussen, dass sie eine praktische Revolution unseres Naturverhältnisses begünstigen würde. Lässt sich diese Hoffnung zu einer „Politik der Ähnlichkeit" verdichten?

Den Begriff einer Politik der Ähnlichkeit übernehme ich von Dorothee Kimmich, die ihn allerdings nicht geradewegs propagieren will.[281] Das hindert sie nicht, praktische Schlussfolgerungen zu ziehen, die sich auf das Verhältnis der Menschen zu den Andersheiten Anderer – also nicht zur äußeren Natur – beziehen und denen durchaus eine politische Bedeutung zugesprochen wird. Da die Abgrenzung von Eigenem und Fremden in der Ähnlichkeitswahrnehmung unscharf werde[282] – das bürgerliche Eigentum kann nicht gemeint sein – sei die Ähnlichkeitsperspektive geeignet, den „Dualismus von Identität und Differenz" zu überwinden. „Ähnlichkeit ist eine Figur des Dritten, die statt Oppositionen und Dichotomien das Übergängliche repräsentiert (...) ein explizier Diskurs der Ähnlichkeit dürfte eines der wirksamsten Instrumente gegen jede Art von gewollter oder auch ungewollter Diskriminierung des »Anderen« sein."[283]

Die Ablehnung von Diskriminierungen ist essentiell für jede fortschrittliche Politik. Lassen sich Diskriminierungen auflösen, indem man die Wirklichkeit als durch Ähnlichkeiten strukturiert betrachtet und sie nicht oder nicht nur in Begriffen von Identität und Differenz denkt? Diskriminieren heißt, einen Unterschied machen, unterscheiden.[284] In der politischen Sprache bedeutet „diskriminieren" einen Unterschied geltend machen, der nicht gemacht werden soll, weil er die essentielle Gleichheit aller Menschen verletzt. (Wir erinnern uns:

281 Kimmich, a.a.O., 20.

282 Ebda., 95.

283 Ebda., 140 f.

284 Das lateinische Wort *discrimen* bedeutet Unterschied oder Unterscheidung, auch „Scheidelinie", was bereits einen Gegensatz hervorhebt.

Gleichheit ist die Identität Verschiedener.) Aus dieser Gleichheit sollen sich nach modernen und neuzeitlich naturrechtlichen Vorstellungen juridische Rechte ableiten lassen, d.h. gesetzlich festgestellte, einklagbare, erzwingbare und nicht bloß moralische Rechte, an die man bloß appellieren kann.[285] In der politischen Wirklichkeit, in der wir leben, ist der Kampf gegen Diskriminierung immer auch ein Kampf um gesetzlich verbürgte Rechte auf Gleichbehandlung. Aufgrund des Gleichheitssatzes, der zu allen Menschenrechtserklärungen gehört, dürfen nur solche Unterschiede gemacht werden, die sich aus der Sache begründen lassen. So dürfen bei der Zulassung zu bestimmten Berufen Unterschiede in den erworbenen Kenntnissen eine Rolle spielen, aber nicht Unterschiede in Hautfarbe, Herkunft oder Geschlecht.

Wir sehen also, dass sich Diskriminierung und der Kampf gegen sie nicht einmal denken lassen, ohne dass die Kategorien von Identität (Selbigkeit) und Differenz (Unterschied) betätigt würden. Dasselbe gilt auch für den einfachen Begriff der Ähnlichkeit. Er konkretisiert die Verbindung von Identität und Differenz in einem Vergleich konkreter Anschaulichkeit. Das ist nicht überflüssig, sondern sogar sehr wichtig, wenn man sich vor Augen hält, dass die Verwirklichung gleicher Rechte, selbst wenn sie gesetzlich formuliert sind, von gesellschaftlicher Macht und kulturellen oder ideologischen Einstellungen abhängig ist. Als Bewusstsein der Differenz von Gleichen kann der Sinn für Ähnlichkeit die Toleranz gegenüber Abweichungen fördern und sogar eine Solidarität stärken, die ohne Verleugnung der Unterschiede auskommt. Insofern kommt der Ähnlichkeit als einem Begriff konkreter Gleichheit eine soziale und politische Bedeutung zu. Sie hat aber nichts damit zu tun, dass Ähnlichkeit die Begriffe von Identität und Differenz ersetzen oder neben sie treten könnte.

Für Kimmich empfiehlt sich das Ähnlichkeitsdenken insbesondere dadurch, dass es Gegensätze in ein Mehr oder Weniger von Ähnlichkeit oder Differenz aufzulösen vermag. Um „nicht einschlägiger Ideologie und Propaganda" aufzusitzen, soll „die Untersuchung von Kulturen, Religionen, Politiken und Habitusformen nicht mehr im Modus von Identität und Alterität, sondern nur noch in den Begriffen von mehr oder weniger Differenz bzw. mehr oder weniger Ähnlichkeit vorgenommen werden."[286] Ein solcher terminologischer Exorzismus des Gegensatzes trägt unfreiwillig komische Züge. Demnach wäre, wer andere für den Profit der Aktionäre schuften lässt, den Arbeitern mehr oder weniger

285 Vgl. Verf.: Ethik in der Welt des Kapitals. Zu den Grundbegriffen der Moral, Springe 2011, Kapitel 4 und 5.

286 Ebda., 21.

ähnlich oder verschieden; einen Gegensatz dürfen wir nicht konstatieren. Auch diejenigen, die einen Krieg vom Zaun brechen, sind mit ihren Opfern auf einer Ähnlichkeitsskala quantitativ zu verorten.

Es ist ein unverächtliches Motiv, der Verhärtung von Gegensätzen entgegen zu wirken. Auch wer in einem Krieg auf Leben und Tod Stellung bezieht, sollte zu der Reflexion fähig sein, inwiefern das Schlechte, das er zu bekämpfen meint, von der eigenen Seite Besitz ergriffen hat. Diese dialektische Übung gegen Selbstgerechtigkeit ist in Krieg und Klassenkampf, der oft nur von oben geführt wird, die schwierigste; aber ohne sie kann ein Sieg nicht auf eine höhere Stufe führen und wenig mehr sein als ein Waffenstillstand. Die Selbstreflexion hebt den Gegensatz auf, obwohl in ihr das Innewerden der Ähnlichkeit eine zentrale Rolle spielt. Das zeigt gerade der selbstkritische Vergleich mit den „Wilden", in dem die europäische Aufklärung vielleicht ihre besten Momente hatte. Der Archetyp sind Montaignes Überlegungen zu Kannibalen.

> „Ich habe durchaus nichts dagegen einzuwenden, daß man in einem solchen Vorgehen [der Tötung und dem Verzehr des gefangenen Feindes/HES] eine furchtbare Barbarei sieht; wohl aber dagegen, daß wir zwar ihre Fehler verdammen, aber so blind gegen unsere eigenen Fehler sind." Nach einem Hinweis auf europäische Folterpraktiken und Bürgerkriege kommt Montaigne zu dem Schluss: „Wir können die Wilden also Barbaren nennen, wenn wir ihr Vorgehen von der Vernunft aus beurteilen, aber nicht, wenn wir sie mit uns vergleichen; denn wir sind in vieler Beziehung barbarischer."[287]

Die bisherigen Reflexionen zur Bedeutung des Ähnlichkeitsdenkens haben sich auf intersubjektive Beziehungen beschränkt. Es gehört jedoch zu den wichtigsten Einsichten materialistischer Gesellschaftstheorie, dass die Verhältnisse der Menschen zugleich Verhältnisse zur außermenschlichen Natur sind. Beide Verhältnisse durchdringen einander. Lässt sich im Hinblick auf das Naturverhältnis von einer Politik der Ähnlichkeit sinnvoll sprechen?

Nach Horkheimer und Adorno ist Beherrschung der äußeren Natur – die Unterwerfung der Lebewesen unter menschliche Zwecke, Ausbeutung der Ressourcen wie Holz, Kohle und fossile Energieträger, schließlich die Ausnutzung der Gesetze der anorganischen Natur – ein Grundzug der Zivilisation, die in wachsender Distanzierung vom Objekt geschaffen wird. Es ist die Natur im

287 Michel de Montaigne: Die Essais, ausgewählt und übs. von A. Franz, Stuttgart 1996, 112 f.

Subjekt selbst, die bei dieser Distanzierung verleugnet und verdrängt wird. In einer solchen Situation ist das Innewerden der Natur im Subjekt selbst Bedingung für die Anerkennung der Subjektivität der Natur. Bis in seine abstrakteste Form hinein ist menschliche Subjektivität auch Natur, angetrieben von natürlichen Impulsen wie Selbsterhaltung, Aggression, Liebe. Auch die Aufweisung der Wirkung mimetischer Verhaltensweisen in den geistigen Funktionen ist ein Akt solchen Innewerdens. Es lässt die Ähnlichkeit des Subjekts mit dem Objekt, Identität und Differenz beider in einem aufscheinen. Daran knüpft sich die Hoffnung, dass das solcherart reflektierte Subjekt aufhört, die Natur nur mit den Begriffen zu überziehen, die sie beherrschbar machen. „Weiß einmal das Subjekt das Moment seiner Gleichheit mit Natur, so wird es nicht länger Natur nur sich gleichmachen."[288]

Diese Überlegungen bewegen sich auf einem Abstraktionsniveau, das es unmöglich macht, konkrete politische Schritte aus ihnen abzuleiten. Soweit ich sehe, haben sich Horkheimer und Adorno zu dem, was seit einiger Zeit zum Ressort der „Umweltpolitik" gehört, nie geäußert.[289] Letztlich reicht jene Offenlegung der Fundamente der Zivilisation – die Verschlingung von sozialer Herrschaft, Selbst- und Naturbeherrschung – auch nicht aus, um die gegenwärtige Dynamik der Naturzerstörung zu verstehen. Ein solches Verständnis bedarf der Einsicht in die kapitalistische Wirtschaftsweise, die seit rund zweihundert Jahren dabei ist, sich die Produktion in globalem Maßstab zu unterwerfen.

Kapitalistische Produktion ist Produktion von Wert, ihr Prozess ist Realabstraktion, die eine fundamentale Gleichgültigkeit gegen die Gebrauchswertseite der Produktion bedeutet, an die sie gleichwohl gebunden bleibt. Man kann versuchen, diese Gleichgültigkeit mit der Logik des Systems selbst zu bekämpfen und die Produktion durch staatliche Maßnahmen in dem Maße zu verteuern, wie sie mit Umweltschäden verbunden ist. Umweltschäden kommen ökonomisch erst dann in Betracht, wenn sie sich als Kosten der Produktion darstellen, aber dann sind sie bereits geschehen und verteuern die Produkte für die Konsumenten. Das verschärft zwangsläufig die Gegensätze, die in der Produktion selbst angelegt sind: die soziale Kluft und die Absatzschwierigkeiten, d.h. die Diskrepanz zwischen dem Umfang der massenhaften Produktion und den Möglichkeiten, ihren Tauschwert zu realisieren. Das Kapital ist, wie Marx betont hat, ein soziales Verhältnis, in dem es um die Produktion von Mehrwert geht,

288 Adorno: Negative Dialektik, AGS 6, 266.

289 Vgl. Deborah Cook: Adorno on Nature, Durham 2011. Cook vergleicht im 5. Kapitel Adorno mit drei Hauptautoren politischer Ökologie im ausgehenden 20. Jahrhundert: Arne Naess, Murray Bookchin und Carolyn Merchant.

kurz gesagt darum, aus der Arbeitskraft der Lohnabhängigen mehr herauszuholen als sie kostet. Keine systemkonforme Regelung der Umweltschäden, die durch die Produktion und ihre Produkte verursacht werden, kann es sich leisten, diesem Profitimperativ zu widersprechen. Das aber bedeutet, dass es ohne die Ablösung der kapitalistischen Produktionsweise durch eine bessere wahrscheinlich keine durchgreifenden Fortschritte in der Naturpolitik geben kann.

Prognosen über die Folgen einer ungebremsten oder nur moderat gebremsten Entwicklung des durch fossile Energien betriebenen Kapitalismus sind, wie alle Prognosen, mit einer gewissen Unsicherheit behaftet, weil sie entgegenwirkende Ursachen nicht angemessen einbeziehen können. Das galt auch für *Die Grenzen des Wachstums*, die der Club of Rome 1972 prognostiziert hatte, namentlich für die vorausgesehene Erschöpfung der Erdgas- und Erdölvorräte. Hier hatten die Autoren unterschätzt, „in welchem Ausmaß durch Gewinnanreize und innovative Technologien neue Reserven begrenzter Ressourcen erschlossen werden".[290] Im Prinzip, der Erinnerung an die Endlichkeit der fossilen Energiequellen, hatten sie Recht, und als uneingeschränkt gültig hat sich die Feststellung erwiesen, dass die Fähigkeit der Erde, die schädlichen Nebenprodukte der Industrie zu absorbieren, erschöpft ist.[291] Dabei wurde in der Veröffentlichung des Club of Rome von 1972 noch nicht einmal die Klimaerwärmung durch den CO_2-Ausstoß in Betracht gezogen. Auf diese Entwicklung hatte Murray Bookchin, abseits der Öffentlichkeit etablierter Wissenschaftler, schon im Jahr 1965 hingewiesen. Seine Worte verdienen Erinnerung:

> „Seit der industriellen Revolution ist die gesamte atmosphärische Masse von Kohlendioxid um 25 % über die frühere, stabilere Menge gestiegen. Man kann gute theoretische Gründe dafür anführen, daß diese wachsende Decke von Kohlendioxid zu zerstörerischen Sturmgebieten führen wird, indem sie die Wärmestrahlungen der Erde abfängt, was schließlich das Schmelzen des Polareises zur Folge haben wird, sowie steigende Seewasserstände und die Überflutung weiter Landgebiete. So weit entfernt eine solche Sintflut auch sein mag, ist das sich ändernde Verhältnis von Kohlendioxid zu anderen atmosphärischen Gasen doch eine Warnung

290 Naomi Klein: Die Entscheidung. Kapitalismus vs. Klima, Frankfurt am Main 2015, 230. Vgl. Meadows/Meadows/Zahn/Milling: Die Grenzen des Wachstums. Bericht des Club of Rome zur Lage der Menschheit(1972), Reinbek 1973, 48 ff. Die Erschöpfung der Gasvorkommen wurde in 38, die des Erdöls (Petroleum) in 31 Jahren erwartet.

291 Ebda.

vor der Macht, die der Mensch auf das Gleichgewicht der Natur ausüben kann.“[292]

Wie immer es mit den gegenwärtigen Prognosen über die Klimaerwärmung aussehen mag – eine allgemeine Katastrophenstimmung ist, von den negativen Auswirkungen auf die Handlungsfähigkeit abgesehen, aus zwei weiteren Gründen problematisch. Erstens werden sich die ökologischen Katastrophen, die bereits im Gang sind, nicht auf alle Menschen gleich auswirken. Wie zumeist haben die Besitzenden auch in dieser Beziehung viele Vorteile und die Länder, die auf Grund ihrer geographischen Lage am ehesten von Dürre und Überflutung bedroht sind, haben oft die geringsten Mittel, den Folgen entgegen zu wirken.

Der zweite Grund, der die Erwartung einer künftigen Katastrophe relativiert, liegt in der Tatsache, dass sich der Fortschritt der Zivilisation für außermenschliche Natur schon früher oft als katastrophal erwiesen hat. Umweltzerstörung ist kein Privileg des Kapitalismus. Die Abholzung der Wälder zum Bau von Flotten führte bereits in der Antike zur Verödung ganzer Länder, wie auch Friedrich Engels schon gewusst hat.[293] Tiere wurden von Menschen nicht erst ausgerottet, seit es die Produktion in Fabriken gibt, und der „gute Hirte“ folgte stets dem Imperativ menschlichen Nutzens. Die zivilisationstheoretische Grundierung der Herrschaftskritik in der *Dialektik der Aufklärung* bleibt trotz ihrer Zuspitzung unter den Bedingungen des Industrialismus berechtigt.

Allerdings darf die Einsicht, dass der Kapitalismus auch in Rücksicht der Naturbeherrschung in der Kontinuität der historischen Klassengesellschaften steht, nicht zu einer Entdifferenzierung führen, die sein Spezifikum nivelliert. Es ist, wie sich aus unserem zweiten Abschnitt ergibt, sicher nicht richtig, wenn Horkheimer meint, „daß der kollektive Wahnsinn, der heute um sich greift, von den Konzentrationslagern bis zu den scheinbar höchst harmlosen Wirkungen der Massenkultur, im Keim schon in der primitiven Objektivation vorhanden war, in des ersten Menschen kalkulierender Betrachtung der Welt als Beute.“[294] Dagegen spricht, dass die ersten Menschen durchaus nicht „die Welt“ zur Beute machten, sondern nur einen wohlumgrenzten Ausschnitt. Und ihr Problem bestand darin, die Lücken, die sie beim Erbeuten in die Natur rissen, im Ritus

292 Bookchin, Murray: Ökologie und revolutionäres Denken. (engl. 1965, auch in: ders.: Post-Scarcity Anarchism, 1971) in: Umwelt und Gesellschaft. Diskussion um Bookchin, Hamburg 1974, 5–23. [Groß- und Kleinschreibung wurden den Gepflogenheiten angepasst.]

293 Vgl. Friedrich Engels: Anteil der Arbeit an der Menschwerdung des Affen, in: Marx/Engels Werke Bd. 20, Berlin 1972, 444–455, 452 f.

294 Horkheimer: Zur Kritik der instrumentellen Vernunft, HGS 6, 176 f.

wieder zu schließen. Zum Prinzip der Betrachtung wird Naturbeherrschung überhaupt erst mit der europäischen Neuzeit, mit Denkern wie Francis Bacon und René Descartes.[295] Die Produktionsweise, die sich in dieser Zeit entwickelt, zeichnet sich (was unser gegenwärtiges Problem betrifft) dadurch aus, dass sie als Produktion des abstrakten Reichtums, des Werts und Mehrwerts in seiner Form als Geld, zum Selbstzweck geworden ist. Diesen Zweck muss jeder Kapitalist zu dem seinen machen, will er in der Konkurrenz der Kapitalien nicht untergehen.[296] Kapitalistische Produktion vollzieht sich „auf stets erweiterter Stufenleiter“[297] – der beschönigende Begriff der Ökonomie dafür heißt Wachstum – auch wenn dieser Prozess durch Krisen unterbrochen wird. Horkheimer hatte sich darin nicht getäuscht, dass „der Kriegszustand unter den Menschen in Krieg und Frieden der Schlüssel (ist) für die Unersättlichkeit der Gattung“.[298]

Aus der Einsicht in den Zusammenhang zwischen Kapitalismus, Fabrik und Naturbeherrschung als Prinzip folgt nicht notwendig, dass man die Industrialisierung rückgängig machen und zu vorindustriellen Produktionsweisen zurückkehren sollte. Das wäre weder wünschenswert noch möglich. Gleichwohl liegt die Frage nahe, wie eine Produktionsweise aussehen könnte, die sich nicht dem Prinzip der Naturbeherrschung verschrieben hat. Sie würde, das war die Perspektive von Engels, Technikfolgen abschätzen und die daraus sich ergebenden Maßnahmen zur Vermeidung unerwünschter Wirkungen ergreifen, ohne auf Profitinteressen Rücksicht nehmen zu müssen.[299] Könnte man dem mimetischen Vermögen in der Neugestaltung der Produktion eine größere Bedeutung geben, abgesehen von der Rolle, die es, sublimiert, in der Naturerkenntnis zu spielen vermag? Kann man ihm die Kraft zutrauen, uns von der Distanzierung zur Natur, die ihrer Beherrschung zugrunde liegt, in einer Negation der Negation wieder so weit zu distanzieren, dass die schlimmsten Folgen der entgleisten Technik zurückgenommen oder vermieden werden können?

Dagegen spricht, dass ein wichtiger Bereich der Mimesis, die Erfahrung lebendiger Natur, an die es sich anzuschmiegen galt, mit der Industrialisierung

295 Nach Bacon ist es Aufgabe der Wissenschaften und Künste, „die Macht und die Herrschaft des Menschengeschlechts selbst über die Gesamtheit der Natur zu erneuern und zu erweitern“. (Neues Organon, a.a.O., 271) Descartes möchte Kenntnisse gewinnen, die „uns zu Herren und Eigentümern der Natur machen könnten.“ Discours de la Methode, frz.-dt., übs. Von L. Gäbe, Hamburg 1969, 101.

296 „Akkumulation um der Akkumulation, Produktion um der Produktion willen, in dieser Formel sprach die klassische Ökonomie den historischen Beruf der Bourgeoisieperiode aus.“ Karl Marx: Das Kapital Bd. 1, Marx/Engels Werke Bd. 23, Berlin 1975, 621.

297 Ebda., 649.

298 Horkheimer: Zur Kritik der instrumentellen Vernunft, HGS 6, 119.

299 Vgl. Engels: Anteil der Arbeit, MEW 20, 453 ff.

und der Herstellung einer urbanen, mehr durch Artefakte als durch unbearbeitete Natur bestimmten Umwelt immer begrenzter geworden ist. Der mimetische Impuls wird nicht bloß unterdrückt und oftmals sanktioniert, sondern verliert auch einen vormals wichtigen Teil seines Betätigungsfeldes. Dies würde auch für eine postkapitalistische Gesellschaft gelten, welche die Produktionsmittel vergesellschaftet und Freiheit und Gleichheit zur ideologiefreien Wirklichkeit bringt. Der australische Ethnologe Taussig vermutet, dass „Mimesis ein privilegiertes Element postkapitalistischer Utopien" werden kann, sofern sie „sich um einen spielerischen Austausch von Differenzen anordnen."[300] Taussig dehnt die Zukunftsbedeutung der Mimesis auch auf das Verhältnis zur äußeren Natur aus, indem er sich auf Marx' Ausführungen in den *Ökonomisch-philosophischen Manuskripten* bezieht. Die dort propagierte Einheit von Naturalismus und Humanismus als „vollständige Emanzipation aller menschlichen Sinne und Eigenschaften" wird von Taussig – mitunter in hypothetischer Formulierung – als Wiedererstarkung des mimetischen Vermögens interpretiert.[301] Es ist aber für Marx gerade die Welt der Artefakte, die, befreit von den Imperativen des Habens und des Profits, zur Heimat des Menschen werden soll. Erst in der bearbeiteten Natur, aber jenseits des Privateigentums, kann sich der Mensch mit der Natur versöhnen, indem er „sich selbst daher in einer von ihm geschaffnen Welt anschaut."[302] Von einem „postkapitalistischen Animismus", davon „dass der Fetischismus als eine aktive, soziale Kraft den Objekten fortgesetzt innewohnen wird",[303] kann schwerlich die Rede sein. Eher ist an den hegelschen Arbeiter aus der *Phänomenologie des Geistes* zu denken: „das arbeitende Bewußtsein kommt also hierdurch [durch die Formierung der äußeren Natur/HES] zur Anschauung des selbständigen Seins *als seiner selbst*."[304] Der junge Marx hat diese Perspektive übernommen, allerdings mit der Maßgabe, dass es sich nicht nur um Anschauung, sondern um einen sinnlich praktischen Umgang mit der gesellschaftlich produzierten Gegenständlichkeit handeln soll.

Mimetisches Verhalten wird von Taussig mit einer „»hingebungsvollen« Beziehung zur Natur" assoziiert.[305] Hingabe jedoch kann auch in selbstvergessener,

300 Taussig, a.a.O., 108.

301 Ebda., 107.

302 Karl Marx: Ökonomisch-philosophische Manuskripte, MEW 40, 517.

303 Taussig, a.a.O., 107.

304 Hegel: Phänomenologie des Geistes, Werke, hg. von Moldenhauer und Michel, Bd. 3, Frankfurt am Main 1970, 154.

305 Taussig a.a.O., 108. Er bezieht sich dabei auf die Dialektik der Aufklärung, a.a.O., 240 f. (HGS 5, 25 8 f.).

konzentrierter Arbeit bestehen, einer Fähigkeit zur Entäußerung an den Gegenstand, die für Hegel mit dem Begriff der Bildung identisch war.[306] Darüber hinaus ist Hingabe auch die Selbstaufopferung für ein Kollektiv oder eine Idee, weshalb sie von Horkheimer und Adorno mit dem freudschen Todestrieb assoziiert werden kann.[307] Radikale Hingabe enthält ein suizidales Element, von dem der späte Horkheimer offenbar fasziniert gewesen ist. „Wer sehen kann, wird sich vergessen, und wer sich vergißt, hört schließlich zu sehen auf. Der richtige Zustand der Menschheit, den Marx im Sinne hat, müßte zugleich auch ihr kürzester sein."[308]

Wenn darin die Perspektive einer befreiten Menschheit besteht, scheint es nur die Alternative zu geben, an der menschlichen Destruktivität oder an ihrem Mangel zugrunde zu gehen. Ein solches Entweder-oder lässt sich nur in der selbstkritischen Reflexion auflösen, dass die Todesähnlichkeit der Utopie den aussichtslosen Verhältnissen des fortgeschrittenen Kapitalismus selbst geschuldet sein könnte.[309] Marx war der Todessehnsucht noch nicht erlegen: „Der Mensch verliert sich nur dann nicht in seinem Gegenstand, wenn dieser ihm als *menschlicher* Gegenstand oder gegenständlicher Mensch wird."[310] Seine Utopie der Selbstanschauung der Menschen im Umgang mit einer selbstgeschaffenen Welt, in der Natur auf eine menschliche Weise geformt ist, war zweifellos beschränkt, weil sie noch blind für die Leiden in der außermenschlichen Natur war. Zur Utopie, wie sie dem Fortschritt der globalen Nutzbarmachung angemessen ist, gehört das Ziel, den herrschaftlichen Druck, der auf dem Lebendigen lastet, zu lockern, ohne sich aufzugeben. Welche Rolle der mimetische Impuls dabei spielen kann, hat Horkheimer ausgesprochen, als er der menschlichen Sprache und Kultur die Aufgabe zuwies, die Leiden der Natur im Reiche des Geistes zu spiegeln, damit sie Ruhe fände.[311] Das widerspricht nicht der Utopie des jungen Marx, sondern ist ihre notwendige Relativierung und Ergänzung.

306 Vgl. Hegel, a.a.O., 364.

307 Vgl. Dialektik der Aufklärung a.a.O., 241 (HGS 5, 259).

308 Horkheimer: Notizen, HGS 6, 187–425, 270.

309 Vgl. Adorno: Negative Dialektik, AGS 6, 374.

310 Marx: Ökonomisch-philosophische Manuskripte, MEW 40, 541.

311 Vgl. Zur Kritik der instrumentellen Vernunft, HGS 6, 179.

Literatur

ADORNO, THEODOR W.: *Negative Dialektik, Gesammelte Schriften* (AGS), hg. von R. Tiedemann, Bd. 6, Frankfurt am Main 1975.

–: *Ästhetische Theorie*, hg. von G. Adorno und R. Tiedemann, AGS 7, Frankfurt am Main 1974.

–: *Zu Subjekt und Objekt*, in: AGS 10.2, Frankfurt am Main 1977, 741–758.

–: *Der Essay als Form*, AGS 11, Frankfurt am Main 1974, 9–33, 32.

ARISTOTELES: *Metaphysik I–VI*, gr.dt., übs. von H. Bonitz, hg. von H. Seidl, Hamburg 1982.

–: *Metaphysik VII–XIV*, gr.-dt., übs. von H. Bonitz, hg. von H. Seidl, Hamburg 1984.

–: *Lehre vom Beweis oder Zweite Analytik*, übs. von J.H. von Kirchmann, Hamburg 1976.

–: *Über die Seele*, gr-dt., übs. von G. Krapinger, Stuttgart 2011.

BACON, FRANCIS: *Neu-Atlantis*, übs. von G. Bugge, hg. von J. Klein, Stuttgart 1992.

–: *Neues Organon*, lat.-dt., hg. von W. Krohn, Bd 1 u. 2, Hamburg 1990.

BENJAMIN, WALTER: *Über den Begriff der Geschichte*, in: Gesammelte Schriften, hg. von R. Tiedemann und H. Schweppenhäuser (BGS), Bd. I, Frankfurt am Main 1974, 691–704.

–: *Über Sprache überhaupt und die Sprache des Menschen*, BGS II, Frankfurt am Main 1977, 140—157.

–; *Lehre vom Ähnlichen*, BGS II, 204–210.

–: *Über das mimetische Vermögen*, BGS II, 210–213.

_: *Probleme der Sprachsoziologie*, BGS III, hg. von H. Tiedemann-Bartels, Frankfurt am Main1972, 452–480.

–: *Die Aufgabe des Übersetzers*, BGS IV, hg. von T. Rexroth, Frankfurt am Main 1972, 9–21.

–: *Reflexionen über Humboldt*, BGS VI, Frankfurt am Main 1985, 26–27.

–: *Antithetisches über Wort und Name*, in: BGS VII, Frankfurt am Main 1989, 795–796.

BERGER, DIETER: *Duden, Geographische Namen in Deutschland*, Mannheim 1993.

BLOCH, ERNST: *Philosophie der Renaissance*, in: Zwischenwelten in der Philosophiegeschichte, Gesamtausgabe Bd. XII, Frankfurt am Main 1977, 173–303.

BOOKCHIN, MURRAY: *Ökologie und revolutionäres Denken*. (engl. 1965, auch in ders.: Post-Scarcity Anarchism, 1971) in: Umwelt und Gesellschaft. Diskussion um Bookchin, Hamburg 1974, 5–23.

BORDT, MICHAEL: *Angleichung an Gott*, in: Horn/Müller/Söder (Hg.): Platon Handbuch, 2. A., Stuttgart 2020, 258–260.

BURKERT, WALTER: *Homo necans. Interpretationen altgriechischer Opferriten und Mythen*, Berlin/New York 1997.

CAMPBELL, JOSEPH: *Die Masken Gottes*, Bd. 1: Mythologie der Urvölker, Basel 1991.

CASSIRER, ERNST: *Individuum und Kosmos in der Philosophie der Renaissance* (1927), Darmstadt 1987.

–: *Das Erkenntnisproblem in der Philosophie und Wissenschaft der neueren Zeit*, 1. Bd. (1922), Darmstadt 1994.

–/Erwin Panofsky: *Eidos und Eidolon/Idea*, Hamburg 2008.

CICERO: *De natura deorum/Über das Wesen der Götter*, übs. von U. Blank-Sangmeister, Stuttgart 2011.

COOK, DEBORAH: *Adorno on Nature*, Durham (UK) 2011.

DESCARTES, RENÉ: *Regeln zur Ausrichtung der Erkenntniskraft*, übs. und hg. von Lüder Gäbe, Hamburg 1972.

–: *Discours de la Methode*, frz.-dt., übs. von L. Gäbe, Hamburg 1969.

DEUTSCHER, GUY: *Du Jane, Ich Goethe. Eine Geschichte der Sprache*, München 2011.

DIDEROT, DENIS: *D'Alemberts Traum*, in Philosophische Schriften, übs. von T. Lücke, hg. von A. Becker, Berlin 2003, 78–154.

DROUIN, JEAN MARC: *Von Linné zu Darwin: die Forschungsreisen der Naturhistoriker*, in: Michel Serres (Hg.) Elemente einer Geschichte der Wissenschaften (frz. 1989), Frankfurt am Main 1994, 569–595.

ENGELS, FRIEDRICH: *Anteil der Arbeit an der Menschwerdung des Affen*, in: Marx/Engels Werke Bd. 20, Berlin 1972, 444–455.

EUKLID: *Die Elemente Buch I–XIII*, übs. u. hg. von C. Thaer, Darmstadt 1973.

FORSCHNER, MAXIMILIAN: *Die Philosophie der Stoa*, Darmstadt 2018.

FOUCAULT, MICHEL: *Die Ordnung der Dinge. Eine Archäologie der Humanwissenschaften*, Frankfurt am Main 1974.

FRAZER, JAMES GEORGE: *Der goldene Zweig. Das Geheimnis von Glauben und Sitten der Völker*, Reinbek 1989.

FREI, PATRICK: *Die Begriffslehre der chinesischen und geheimwissenschaftlichen Entsprechungslogik*, in: K.Gloy/M.Bachmann (Hg.): Das Analogiedenken. Vorstöße in ein neues Gebiet der Rationalitätstheorie, Freiburg/München 2000, 324–345.

FREUD, SIGMUND: *Vorlesungen zur Einführung in die Psychoanalyse*, in: Studienausgabe (StA), hg. von A, Mitscherlich, A. Richards, J. Strachey, Bd. I, Frankfurt am Main 1969, 33–445.

–: *Neue Folge der Vorlesungen zur Einführung in die Psychoanalyse*, StA I, 447–608.

–: *Die Traumdeutung*, StA II, Frankfurt am Main 1972.

–: *Über den Gegensinn der Urworte*, StA IV, Frankfurt am Main 1970, 227–234.

–: *Totem und Tabu*, StA IX, Frankfurt am Main 1974, 287–444.

–: *Der Mann Moses und die monotheistische Religion*, StA IX, 445–581.

–: *Zur Dynamik der Übertragung*, in: StA Ergänzungsband. Schriften zur Behandlungstechnik, Frankfurt am Main 1975, 157–168.

–: *Abriß der Psychoanalyse*, in: Gesammelte Werke, hg. von A. Freud u.a., Bd. XVII, Frankfurt am Main 1972, 61–121.

FROMM, ERICH: *Anatomie der menschlichen Destruktivität*, Reinbek 1977.

GERL, HANNA-BARBARA: *Einführung in die Philosophie der Renaissance*, Darmstadt 1989.

GLOY, KAREN: *Das Analogiedenken der Renaissance. Seine Herkunft und seine Strukturen*, in: Gloy/Bachmann (Hg.): Das Analogiedenken. Vorstöße in ein neues Gebiet der Rationalitätstheorie, Freiburg/München 2000, 215–255.

–: *Das Analogiedenken unter besonderer Berücksichtigung der Psychoanalyse Freuds*, in: Gloy/Bachmann (Hg.): Das Analogiedenken, 256–297.

–: *Versuch einer Logik des Analogiedenkens*, in: Gloy/Bachmann (Hg.), 298–323.

HAARMANN, HARALD: *Auf den Spuren der Indoeuropäer. Von den neolithischen Steppennomaden bis zu den frühen Hochkulturen*, München 2016.
HEGEL, GEORG WILHELM FRIEDRICH: *Wie der gemeine Menschenverstand die Philosophie nehme – dargestellt an den Werken des Herrn Krug*, in: Werke, hg. von E. Moldenhauer und K.M. Michel, Bd. 2, Frankfurt am Main 1970, 188–207.
–: *Phänomenologie des Geistes*, Werke 3, Frankfurt am Main 1970.
–: *Wissenschaft der Logik*, Bd. 1, Werke 5, Frankfurt am Main 1970.
–: *Wissenschaft der Logik*, Bd. 2, Werke 6, Frankfurt am Main 1969.
–: *Enzyklopädie der philosophischen Wissenschaften im Grundrisse*, I, Wissenschaft der Logik, Werke 8, Frankfurt am Main 1970.
–: *Enzyklopädie der philosophischen Wissenschaften im Grundrisse*, II, Naturphilosophie, Werke 9, Frankfurt am Main 1970.
–: *Vorlesungen zur Philosophie der Religion* II, Werke 17, Frankfurt am Main 1969.
HENNIGFELD, JOCHEM: *Sprachphilosophie*, in: Horn/Müller/Söder (Hg.): Platon- Handbuch, 2. A., Stuttgart 2020, 231–239.
HOFSTADTER, DOUGLAS/EMANUEL SANDER: *Die Analogie. Das Herz des Denkens*, Stuttgart 2014.
HORKHEIMER, MAX: *Zur Kritik der instrumentellen Vernunft*, in: Gesammelte Schriften (HGS), hg. von A. Schmidt und G. Schmid Noerr, Bd. 6, Frankfurt am Main 1991, 21–186.
–: Notizen 1950–1969, HGS 6, 187–425.
HORKHEIMER, MAX/THEODOR W. ADORNO: *Dialektik der Aufklärung*, Frankfurt am Main 1969 (ebenso: HGS 5, 11–290).
HUMBOLDT, ALEXANDER VON: *Ideen zur Geographie der Pflanzen* (1807), in: Schriften zur Geographie der Pflanzen, hg. von H. Beck, Darmstadt 2008 (2.A.), 43–161.
¬–: *Kosmos. Entwurf einer physischen Weltbeschreibung*, Werke 7, erster Teilband, Darmstadt 2008 (2. A.).
HUMBOLDT, WILHELM VON: *Über die Verschiedenheit des menschlichen Sprachbaues und ihren Einfluss auf die geistige Entwicklung des Menschengeschlechts*, in: Humboldt Werke, hg. von A. Flitner und K. Giel, Bd. III, Darmstadt 1963, 368–756.
HUME, DAVID: *Eine Untersuchung über den menschlichen Verstand*, hg. von R. Richter, Hamburg 1973.
–: *Ein Traktat über die menschliche Natur. Buch I. Über den Verstand*, übs. von T. Lipps, hg. von R. Brandt, Hamburg 1989.
KANT, IMMANUEL: *Kritik der reinen Vernunft* (B), Werke Akademie-Ausgabe Bd. III. (Reprint 1968)
–: *Prolegomena zu einer jeden künftigen Metaphysik, die als Wissenschaft wird auftreten können*, in: AA Werke IV, 253–384.
–: *Logik*, Akademie-Ausgabe Werke IX, 1–150.
KEHLMANN, DANIEL: *Tyll*. Roman, Reinbek 2019.
KEPLER, JOHANNES: *Weltharmonik*, übs. u. eingeleitet von Max Caspar, München 1997.
KIMMICH, DOROTHEE: *Ins Ungefähre. Ähnlichkeit und Moderne*, Konstanz 2017.
KLEIN, NAOMI: *Die Entscheidung. Kapitalismus vs. Klima*, Frankfurt am Main 2015.
LEINKAUF, THOMAS: *Grundriss Philosophie des Humanismus und der Renaissance (1350–1600)*, Bd. 2, Hamburg 2017.

–: *Mundus combinatus. Studien zur Struktur der barocken Universalwissenschaft am Beispiel Athanasius Kirchers SJ (1602–1680)*, Berlin 2009 (2.A.).
LEMCKE, MECHTHILD: *Johannes Kepler*, Reinbek 1993.
LEMKE, ANJA: *Zur späteren Sprachphilosophie*, in: B. Lindner (Hg.): Benjamin Handbuch, Stuttgart 2011, 643–653.
LOCKE, JOHN: *Versuch über den menschlichen Verstand*, übs. von C. Winckler, 2 Bde., Hamburg 1981.
LOVEJOY, ARTHUR O.: *Die große Kette der Wesen* (engl. 1936), Frankfurt am Main 1985.
MARX, KARL: *Das Kapital Bd. 1*, Marx/Engels Werke (MEW), Bd. 23, Berlin 1974.
–: Ökonomisch-philosophische Manuskripte, MEW 40, Berlin 1985, 465–588.
MAUTHNER, FRITZ: *Beiträge zu einer Kritik der Sprache. Erster Band.: Zur Sprache und zur Psychologie* (1906), Frankfurt am Main/Berlin/Wien 1982.
MEADOWS, DENNIS/MEADOWS, DONELLA/ZAHN, ERICH/MILLING, PETER: *Die Grenzen des Wachstums. Bericht des Club of Rome zur Lage der Menschheit (1972)*, Reinbek 1973.
MONTAIGNE, MICHEL DE: *Die Essais*, ausgewählt und übs. von A. Franz, Stuttgart 1996.
NIETZSCHE, FRIEDRICH: *Morgenröte. Mit einem Nachwort von R.-R. Wuthenow*, Frankfurt am Main1983.
PLATON: *Kratylos*, in: Werke, gr.-dt-, übs. von F. Schleiermacher, bearbeitet von D. Kurz, Darmstadt 1990, Bd. 3, 395–575.
–: *Politeia*, Werke 4.
–: *Siebenter Brief*, Werke 5, 366–443.
–: *Philebos*, Werke 7, 255–443.
–: *Sophistes*, gr.-dt., übs. O. Apelt, hg. von R. Wiehl, Hamburg 1967.
–: *Timaios*, gr.-dt., hg. und übs. von H.G. Zekl, Hamburg 1992.
POSCH, THOMAS: *Johannes Kepler. Die Entdeckung der Weltharmonie*, Darmstadt 2017.
RUDOLPH, ANDRE: *Figuren der Ähnlichkeit. Johann Georg Hamanns Analogiedenken im Kontext des 18. Jahrhunderts*, Tübingen 2006.
SCHILLER, HANS-ERNST: *Die Sprache der realen Freiheit. Sprache und Sozialphilosophie bei Wilhelm von Humboldt*, Würzburg 1998.
–: *Das Individuum im Widerspruch. Zur Theoriegeschichte des modernen Individualismus*, Berlin 2006.
–: *Ethik in der Welt des Kapitals. Zu den Grundbegriffen der Moral*, Springe 2011.
–: *Freud-Kritik von links. Bloch, Fromm, Horkheimer, Adorno, Marcuse*, Springe 2017.
–: *Hegels objektive Vernunft. Kritik der Versöhnung*, Springe 2020.
–: *Wissenschaft als soziale Wirklichkeit und geistiges Prinzip. Im Anschluss an Horkheimer*, in: M. Städtler (Hg.): Kritik und Systtem. Erkenntnistheoretische Grundlagen kritischer Theorie, Springe 2020, 88–102.
SCHLOSSER, WOLFHARD/JAN CIERNY: *Sterne und Steine. Eine praktische Astronomie der Vorzeit*, Darmstadt 1996
Stoa und Stoiker Bd. 1, übs. von R. Nickel, Düsseldorf 2008.
TAUSSIG, MICHAEL: *Mimesis und Alterität. Eine eigenwillige Geschichte der Sinne* (engl. 1993), Hamburg 1997.
WARBURG, ABY: *Das Schlangenritual. Ein Reisebericht*, hg. von U. Rauff, Berlin 2001.
WULF, ANDREA: *Alexander von Humboldt und die Erfindung der Natur*, München 2018.

Danksagung

Mein herzlicher Dank geht an Brigitte Schiller und Gesa Foken für Hilfen bei der Manuskripterstellung und wertvolle Hinweise. Großer Dank zudem an Gesa Foken für ihre so gelungene und passende Zeichnung auf dem Titelblatt. Bettina Wohlfender danke ich für ihr Einverständnis zur Verwendung der Zeichnung, die zuerst in ihrem Text „Unter ferner Winter“ erschienen ist.

PHILOSOPHIE

Bd. 1 Volker Caysa: Kritik als Utopie der Selbstregierung.
Über die existenzielle Wende der Kritik nach Nietzsche.
122 Seiten. ISBN 978-3-86596-005-4

Bd. 2 Jürgen H. Franz: Religion in der Moderne.
Die Theorien von Jürgen Habermas und Hermann Lübbe.
180 Seiten. ISBN 978-3-86596-259-1

Bd. 3 Hans-Ernst Schiller: Ähnlichkeit und Analogie.
Zur Erkenntnisfunktion des mimetischen Vermögens.
120 Seiten. ISBN 978-3-7329-0767-0

Frank & Timme